LE GUIDE
DE LA JOIE PERMANENTE

MARC-L. QUESTIN
et
PHILIPPE KERFORNE

LE GUIDE DE LA JOIE PERMANENTE

Comment atteindre l'extase et l'harmonie

POCKET

ISBN : 2.266.07628.0

Que notre ouvrage soit dédié aux pionniers solitaires, aux alchimistes et aux mutants qui ont œuvré jour après jour pour changer l'être et sa conscience.
Que les dieux dansent pour nos muses, Kim Daï et Menaka, dont la présence lumineuse a enchanté notre travail.
Que notre entière reconnaissance atteigne le cœur et l'esprit de Hermann Hesse, William S. Burroughs, Aldous Huxley, Alan Watts et Rabindranath Tagore.

Sommaire

Avant-propos

Nous sommes tous des éveillés

Il est possible à tout un chacun de vivre les états de conscience décrits par les traditions religieuses, spirituelles ou ésotériques.

Avec un entraînement adéquat, elles sont accessibles à tous. Chacun peut ainsi expérimenter de l'intérieur les expériences décrites par les visionnaires, les mystiques ou les médiums.

Avec ce livre, chaque personne pourra trouver la ou les voies vers son élévation de conscience personnelle. Ce mouvement naturel vers la transcendance qui obéit à un besoin inhérent à la nature humaine : celui de dépasser et d'améliorer le quotidien.

Le simple fait d'atteindre un de ces états a déjà un impact positif sur l'esprit et le corps. Cela entraîne automatiquement une expansion de l'état de conscience ordinaire et des améliorations rapidement perceptibles dans la vie de tous les jours. Il est ainsi possible, entre autres, d'acquérir plus de confiance en soi, de stimuler sa créativité, d'augmenter ses capacités de décision et d'action. Ces méthodes peuvent aussi être utiles simplement pour se relaxer, se reposer ou refaire le plein de vitalité.

Des techniques entièrement naturelles

Les techniques présentées ici sont entièrement naturelles et ne font jamais appel à la chimie ou à un quelconque appareillage. Elles sont donc très simples à utiliser et peu coûteuses. Elles sont complètement écologiques et sans danger.

Ainsi, sont laissées de côté toutes les drogues et les substances hallucinogènes de nature synthétique. Il ne sera pas question de prôner les vertus des drogues dites douces (haschisch, marijuana, cannabis...) non par un réflexe moral mais parce que ces substances doivent être prises dans un contexte initiatique, chamanique ou autre, ce qui n'est malheureusement pas le cas en Occident où leurs « consommateurs » ne peuvent en retirer qu'un plaisir superficiel, agréable peut-être, mais passager donc illusoire.

En revanche, il sera question de stimuler la production des drogues naturelles fabriquées par le corps humain qui ont des actions souvent semblables à celles des stupéfiants, l'adrénaline par exemple. On peut déclencher leur apparition par la pratique d'activités sportives, la marche ou la méditation. De même, les endorphines, appelées hormones du bien-être, peuvent aussi être produites par le rire.

Les méthodes exposées ici ne sont en aucun cas des tentatives de fuir la réalité, mais au contraire des opportunités pour mieux vivre son quotidien et améliorer matériellement et spirituellement ses conditions de vie. Beaucoup de grandes découvertes ont été faites dans des états de conscience supérieurs. Par exemple, la créativité onirique a été une muse des plus prolifiques dans les domaines scientifique et artistique. Vous pouvez, vous aussi, augmenter vos facultés créatrices. Elles vous serviront dans votre vie professionnelle ou privée.

Certaines de ces voies ne manqueront certainement pas de vous étonner car vous les pratiquez parfois déjà sans savoir qu'elles peuvent faire accéder à d'autres niveaux de réalité : le rêve, le silence, la marche, la solitude... Elles vous ouvriront la porte d'univers aux possibilités infinies.

Vous serez surpris de constater combien de telles activités si simples à première vue peuvent vous faire pénétrer et comprendre plus profondément le monde qui vous entoure, et vous épanouir.

Et vous ne pouvez pas dire que vous ne marchez

jamais, que vous ne rêvez pas, que vous ne respirez pas ou que vous n'êtes jamais en contact avec la nature !

Changer sa vision du monde n'est pas un vœu pieux, inaccessible ou qui demande du temps pour y arriver. Cela est possible ici et maintenant pour peu que vous nous suiviez pas à pas dans ce voyage vers votre éveil personnel.

Pour une perception directe de la réalité

Ce livre se veut essentiellement pratique. Comme le disait Aldous Huxley : « Nous pouvons mettre en commun des renseignements sur nos expériences, mais jamais ces expériences elles-mêmes. » La perception directe est la seule façon d'avoir accès à cet « autre monde » décrit sous des noms divers par toutes les voies spirituelles.

Vous êtes et vous valez souvent beaucoup plus que ce que vous croyez être. Vous êtes capable de faire beaucoup plus de choses que vous ne le pensez. Avant tout, ayez confiance en vous et en vos propres possibilités. Grâce à l'élévation de conscience, vos projets les plus secrets auront enfin un terrain sans limites pour s'exprimer.

Vous pourrez atteindre, parfois même au moment le plus inattendu, ce fameux éveil évoqué par toutes les religions et traditions spirituelles sous une forme ou sous une autre. Quand on parle d'éveil, il ne s'agit pas de créer un état artificiel, extérieur à vous-même, mais de redécouvrir un mouvement naturel qui est déjà en vous. Ce qui implique un retournement vers l'intérieur qui s'apparente plus à une forme d'enstase qu'à l'extase qui est, avant tout, une sortie de soi, de son corps et de son esprit. Ici, le but n'est pas de quitter son corps mais plutôt de le réintégrer et de retrouver sa vraie nature par l'intermédiaire de notre esprit et de notre corps.

Améliorer notre niveau de conscience ordinaire, ne signifie pas se retrouver dans un état béat illusoire mais plutôt pénétrer plus profondément la réalité qui nous entoure. Ce sont ces domaines que nous allons explorer.

Vers la Lumière Intérieure

Pratiquer les techniques d'élévation de conscience permet de découvrir de nouveaux rapports avec les concepts habituels mentaux et physiques que provoquent ces états. Une expansion de conscience entraîne obligatoirement une plus grande ouverture d'esprit, la stimulation des qualités de l'individu et l'élimination des tendances négatives.

Pour l'instant deux drogues majeures sont en vente libre : l'alcool et le tabac. La possibilité d'ouvrir d'autres portes de la perception par des moyens plus naturels permettrait aux gens de laisser tomber celles-ci. Ces pratiques d'élévation de conscience ne sont pas forcément des moyens d'atteindre immédiatement et instantanément l'Illumination mais au moins d'en avoir des aperçus. Sur le chemin, cela ne peut que renforcer la conviction de persévérer vers votre Lumière Intérieure.

Nous sommes dans une ère de prédominance de la transmission intellectuelle d'où la difficulté, pour la plupart d'entre nous, d'accéder à la connaissance et à la perception directe, d'accroître nos perceptions, et de prendre plus intimement contact avec la réalité intérieure mais aussi extérieure. L'impact de l'expérience directe est infiniment plus fort et élévateur que la lecture de bibliothèques ou que la dissertation à l'infini sur le sujet. Comme le dit maître Taisen Deshimaru dans *L'Anneau de la Voie. Retour à l'origine* : « Nous comprendre nous-mêmes, nous connaître profondément, trouver notre vrai moi. Là est l'essence éternelle de toutes les religions et de toutes les philosophies, la source de la sagesse, l'eau vive qui jaillit de la pratique régulière de zazen. » On peut parfaitement appliquer ce point de vue à notre ouvrage.

En effet, nous sommes tous des éveillés, à chacun de se redécouvrir !

Chapitre 1

Conseils pratiques avant le départ

Un proverbe connu déclare « qu'abondance de biens ne nuit pas ». Certes mais il faut aussi savoir choisir dans un monde où nous sommes confrontés à une (sur) abondance d'informations. Ici, comme dans la vie, il vous faudra sélectionner les voies ou les techniques pour ne pas sombrer dans la dispersion, source de découragement et d'abandon rapide.

Ce premier chapitre n'a d'autre but que de vous aider à vous y retrouver, à vous donner quelques conseils avant le départ et à connaître les qualités qu'il vous appartient de développer pour profiter pleinement des chemins que nous avons défrichés pour vous.

Vous êtes certes un être humain désireux d'élever son niveau de conscience, mais il faut cependant faire un peu de défrichage pour savoir quelle(s) technique(s) vous convien(nen)t le mieux. Il faut donc avant le départ apprendre à vous connaître déjà un peu et faire le point sur vous-même.

Développer votre propre voie

Il y a peut-être certaines voies ou méthodes que vous pratiquez déjà ou qui vous correspondent plus que d'autres. La diversité des techniques correspond à la variété des approches possibles et à l'infinité des caractères humains. Vous n'avez sans doute pas besoin de vous développer de la même façon que votre voisin.

Cela n'est d'ailleurs guère recommandé ! Chaque être humain est unique et doit bâtir sa propre voie, même s'il s'inspire de techniques ou de traditions spirituelles ou religieuses déjà dûment éprouvées.

Le parti pris de ce livre a été toutefois de ne pas se placer dans un cadre spirituel précis monothéiste (judaïsme, christianisme ou islam et leurs dérivés), polythéiste comme l'hindouisme ou ne se référant pas à un dieu comme le bouddhisme. L'angle développé est résolument psychologique et non pas mystique.

Évidemment certaines des disciplines développées ci-dessous (la voie du Qi, la méditation, la prière...) se réfèrent à certains cadres spirituels mais elles peuvent néanmoins se pratiquer sans danger à l'extérieur de ces modèles. Celles qui ne font pas partie explicitement d'une voie (la solitude, la voie du jeu, le rire, le voyage...) peuvent être tout à fait intégrées à votre pratique spirituelle si vous en avez une. Il n'y a aucune contre-indication ni rejet d'aucune sorte.

Les quatre questions de base

Pour vous aider dans votre recherche et afin de démarrer dans les meilleures conditions possibles voici quatre questions que vous pouvez vous poser avant d'entamer votre pratique des techniques d'élévation de conscience.

1. Pourquoi utiliser ces techniques d'élévation de conscience ?

La première question à vous poser est de savoir pourquoi vous avez acheté ce livre. Parce que : vous pensez aborder un royaume de possibilités merveilleuses pour échapper au quotidien ? vous connaissez les auteurs et vous voulez les aider à gagner leur vie ? vous avez un problème que vous n'arrivez pas à résoudre ? dans votre vie tout va mal ? vous voulez acquérir des techniques miraculeuses pour avoir puissance, argent et gloire ?

Rassurez-vous, quelles que soient vos raisons, elles

sont toutes bonnes ! Puisque ce sont les vôtres. Évidemment, dans un premier temps, vous serez peut-être déçu car il se dit, et vous avez sans doute entendu, tant de choses sur les niveaux de conscience, l'extase, la sortie du corps, les drogues hallucinogènes, la communication avec les esprits et autres transes chamaniques, que vous pensez : « Comment ! Ils nous parlent des jeux, de la marche, du rire, des arts martiaux, du silence, de la solitude... ! » avec une intonation mentale ou verbale de désappointement.

Ah, évidemment quand on parle d'esprit, de chaman, de sorcier, de régression, de vie antérieure, votre regard s'illumine. Pour employer une expression à la mode actuellement, vous nous demandez : « Faites-nous rêver ! »

Alors à notre tour de vous poser une question : « Avez-vous déjà lu beaucoup de livres sur les techniques d'extase et de transe ? » Je vois effectivement beaucoup de mains se lever. Ensuite, nous pouvons vous demander : « Combien d'entre vous ont été au bout du livre et ont effectivement pratiqué *avec assiduité* les conseils prodigués dans ces livres miracles ? » Ah, déjà, il y a un peu moins de mains levées ! Et enfin, « Combien ont obtenu des résultats positifs ? » C'est alors presque le désert car à cette troisième demande, peu sont encore capables de répondre par l'affirmative.

Il ne faudrait pas conclure de nos propos que nous n'accordons aucune valeur ni utilité à l'existence des chamans, des sorciers ou aux notions de régression, de vie antérieure, d'extase, de sortie du corps, de drogues hallucinogènes, de communication avec les esprits ou aux transes chamaniques, mais nous voulons insister sur le fait que la plupart de ces techniques ne peuvent pas être abordées seul, sans l'assistance d'un maître ou d'un guide spirituel, ou en dehors du cadre d'une voie spirituelle. Avez-vous déjà essayé de connaître vos vies antérieures, de vivre une transe extatique, de communiquer avec l'au-delà, de faire un voyage astral, etc., seul ?

Nous pensons pouvoir dire, sans nous tromper et par expérience, qu'il est quasiment impossible d'y parvenir par soi-même sans courir de grands dangers psychologiques et physiologiques. Beaucoup de personnes ont ainsi souffert de lésions physiologiques et de déséquilibres psychologiques graves en voulant tester en toute bonne foi des techniques lancées en pâture au grand public par des pseudo-thérapeutes irresponsables qui dégagent bien sûr toute responsabilité en cas de répercussion négative sur le corps, l'âme ou l'esprit des lecteurs.

Au lieu de vous « faire rêver » à des mondes inaccessibles, les techniques décrites ici vous permettent de faire de votre vie quotidienne un miracle permanent.

2. *Que peuvent vous apporter ces techniques ?*

Évidemment, vous pouvez pratiquer ces techniques d'élévation de conscience uniquement pour le plaisir. Et c'est un but aussi noble qu'un autre. Qui plus est, il faut les pratiquer avec entrain car la satisfaction personnelle et la joie sont des moteurs essentiels à leur réussite. Cependant, vous deviez avoir une petite idée derrière la tête en ouvrant ce livre. Nous pouvons deviner sans risque de trop nous tromper que vous avez cet ouvrage entre les mains parce que votre vie ne vous satisfait pas, que vous traversez une phase difficile ou que vous voulez résoudre un problème particulier. Et vous avez bien fait alors d'attaquer la première page car c'est l'objectif de ce guide vers la voie permanente.

Comme tout le monde, dans la vie, vous traversez des hauts et des bas. Vous n'arrivez pas à être heureux en permanence. Y parvenir vous semble peut-être même une utopie ou un but qui ne peut s'atteindre qu'au bout de longues années et (ou) d'une ascèse difficile. Eh bien, ceci est faux. Le bonheur est plus proche de vous que vous ne le croyez. En pratiquant une ou plusieurs techniques d'élévation de conscience, vous apprendrez à faire de votre vie un chemin moins chaotique. Vous ne supprimerez pas les moments difficiles car ils sont fondamentaux pour progresser, ne serait-ce que pour mieux apprécier les joies de la vie. Mais vous serez plus à même de vivre intensément les périodes de bonheur et de mieux surmonter et de vaincre les passes difficiles.

Les techniques d'élévation de conscience vous donneront des outils pour forger la vie que vous désirez. Vous développerez vos côtés positifs et transformerez vos aspects négatifs, votre part d'ombre.

Les seuls guides pour savoir si telle ou telle méthode vous convient seront la joie et la paix qu'elles vous apporteront dans votre vie quotidienne ; là où se trouve le véritable héroïsme. Celui de réussir chaque jour à progresser et à faire un pas de plus sur votre chemin de développement personnel. Vous verrez vos capacités de créativité, votre esprit de décision, votre dynamisme, votre volonté s'accroître ; simultanément, vous serez à même de résoudre de plus en plus de vos petits maux quotidiens. Vous pouvez, grâce à une pratique constante, vous débarrasser de vos peurs, de vos complexes, de vos phobies voire participer activement à la guérison des maladies et même les prévenir efficacement.

Une pratique régulière, quelle que soit la voie choisie, vous permettra de (re)prendre le contrôle de votre esprit, de contrôler vos émotions positives et négatives, d'avoir un rapport plus juste avec celles-ci, de les alchimiser à votre avantage. Si vous pratiquez de tout votre être, de tout votre cœur et de toute votre conviction alors vous accéderez à la dimension supérieure de vous-même et à votre vraie nature.

3. Savez-vous ce que vous cherchez ?

En abordant cet ouvrage, il faut, comme nous l'avons déjà dit, avoir déjà une petite idée de ce que vous cherchez, sinon la dispersion, le vagabondage et enfin le découragement vous emporteront. C'est d'ailleurs un principe valable dans tous les domaines de la vie quotidienne : privée, professionnelle, sociale, associative, sportive... Votre évolution n'en sera que plus rapide. Prenez le temps de faire un rapide tour de votre « propriété » en établissant une liste de vos objectifs.

Cette liste vous aidera quand vous ne saurez plus où aller ou quand vous perdrez de vue la raison de pratiquer telle ou telle technique. Que vous vouliez vous transformer intérieurement, avoir une vie meilleure, posséder plus d'argent, de biens matériels ou aider les autres. Le fait d'avoir les idées claires avant le départ est un point positif car cela vous encouragera et implantera dans votre esprit des graines positives qui stimuleront vos efforts. Vous changez ainsi la tendance à la négativité de votre esprit et lui montrez qu'il y a un autre mode de fonctionnement que le doute, le manque de confiance en soi ou la timidité qui peut-être vous paralysent et vous inhibent dans l'action. Vous pouvez ainsi faire l'inventaire des qualités que vous désirez développer ou acquérir et des défauts que vous voulez transformer en force vive.

Il faut développer une attitude non violente par rapport à vous-même. Il ne faut rien rejeter, même les aspects de votre personnalité qui vous semblent les plus inavouables car ils sont aussi vous. Ce n'est pas en les niant que vous les ferez disparaître. Acceptez-les pour avoir une chance de les transformer. Soyez franc avec vous-même et avouez-vous vos négativités. Personne ne vous regarde ni ne vous écoute, alors un peu de courage ! Vous en serez récompensé.

Vous pouvez aussi être très précis et établir un véritable plan de carrière spirituel en détaillant ce que vous voulez atteindre pour chaque aspect de votre vie : privée, professionnelle ou sociale.

Si vous le voulez, vous le pourrez. Vous voulez changer de travail, améliorer vos rapports sociaux, trouver la femme ou l'homme de votre vie... ? C'est le moment d'agir.

À partir du moment où vous penserez que c'est possible, vous mettrez en marche la mécanique du succès.

Jusqu'à maintenant vous avez rêvé votre vie. Eh bien, à partir d'aujourd'hui, vivez votre rêve.

Vous reprendrez votre liste au fur et à mesure de votre pratique, et vous verrez ainsi les progrès réalisés. Cela vous donnera un étalonnage précis pour mesurer les changements intérieurs qui ne manqueront pas de se produire. Fixez-vous les objectifs qui vous semblent les plus fous et vous verrez que vous y parviendrez.

Avant tout, n'oubliez pas que ce n'est pas par les grandes choses que l'on évolue mais par les petites choses. Ainsi, commencez par essayer de réaliser vos objectifs les plus modestes. Établissez donc un ordre hiérarchique qui vous sera très utile pour évaluer votre progression. Ainsi comment voulez-vous changer le monde si vous n'arrivez pas déjà à vous changer ? Et si vous changez vous-même, vous changerez inévitablement le monde car tout dans l'univers est lié. Si vous vous transformez, votre vision des choses se modifiera, votre comportement suivra et votre environnement en sera influencé. Un sage indien a dit : « Si tu coupes un brin d'herbe, tu ébranles l'univers. »

Expérimentez en priorité les méthodes que vous « ressentez » le plus intuitivement et, inévitablement, surgiront spontanément et clairement les aspects de votre part d'ombre sur lesquels vous avez à travailler. Ainsi en pratiquant le lâcher prise, l'univers s'ouvrira devant vous.

4. Pourquoi faut-il privilégier la pratique ?

Cet ouvrage doit vous servir de référence et de balise dans vos expériences. Il ne doit en aucun cas rester un beau livre que vous aimerez lire certes mais que vous ne mettrez jamais en pratique. Vous aurez beau le contempler indéfiniment toute votre vie, si vous ne pratiquez pas, il restera une belle relique. Emportez-le partout avec vous, soulignez les passages importants, raturez-le, enlevez les pages qui vous semblent les plus intéressantes, etc., mais surtout faites-en un outil pratique. Comme le rabot du menuisier prend la forme de la main de l'ouvrier, façonnez ce livre à votre mesure afin qu'il soit le plus pratique possible. Bref : Pra-ti-quez. Ce sera la seule façon de tester les méthodes décrites et de savoir si elles sont applicables par vous. Ce n'est pas en restant isolé ou en admettant intellectuellement la nécessité de l'élévation de conscience ou de la transformation spirituelle que votre arbre personnel donnera des fruits.

Fiez-vous à votre intuition, à votre ressenti. Attaquez les voies décrites ci-dessous dans l'ordre ou dans le désordre, peu importe, mais surtout évitez la dispersion et le tourisme spirituel. Si vous commencez une méthode, explorez-en les moindres recoins.

Le plaisir est aussi un facteur fondamental de progression. Si, en pratiquant, vous vous ennuyez ou si vous êtes obligé de faire trop d'efforts pour vous concentrer sur telle méthode, c'est que celle-ci ne peut rien vous apporter. Abordez-en une autre. Évitez de perdre votre temps. Peut-être reprendrez-vous ensuite la technique délaissée avec plus d'entrain et de compréhension. Méfiez-vous aussi d'un trop grand enthousiasme initial. Voyez si, au bout de quelques jours, il est toujours aussi fort. S'il s'est peu à peu dilué, c'est que votre première impression était trop superficielle ou flattait des bas instincts de puissance, de pouvoir, de possession des êtres ou des choses. Si, en revanche, il résiste à la durée, vous êtes sur la bonne piste. Revenez toujours à votre intuition, en passant outre à l'intellect, et vous serez toujours sur la voie qui vous convient.

Un cheminement spirituel n'est pas une course de vitesse mais de fond. Vous n'avez pas à être plus « ceci » ou moins « cela » que votre voisin. Vous avez à devenir vous-même. Un saint a dit un jour : « Dans la recherche intérieure, Dieu ne regardera pas le temps passé mais l'intensité de votre engagement. »

Bon voyage (intérieur) à tous !

Les qualités à développer

Pour réussir pleinement vos expériences dans votre utilisation des techniques d'élévation de conscience, il est important de développer et de cultiver certaines qualités qui vous feront progresser plus rapidement : le courage, la confiance en soi, la discipline, la disponibilité, l'assiduité, la volonté, et l'humour.

Le courage

C'est la qualité essentielle à développer. En effet il faut avoir le courage de se remuer, voire de bouleverser sa routine quotidienne. Beaucoup de gens veulent changer mais peu passent à l'acte. Entre le vœu pieux et intellectuel et l'application sur le terrain, il y a un pas difficile à franchir. Vouloir élever son niveau de conscience ne se fait pas dans la facilité, il faut faire des efforts pour y arriver.

Le problème c'est que la notion de courage reste vague et, souvent, on ne voit pas comment mettre ses bonnes paroles en acte. De quel courage parle-t-on ? de celui qui aide à se battre pour son pays ? de celui qui consiste à fonder une famille ? de celui qui veut en finir avec la médiocrité ambiante ? de celui qui contribue à nous faire aller au bout de nous-même ?

Choisissez le type de courage qui vous convient car toutes ces réponses sont bonnes. Portez votre choix sur celui qui correspond le mieux aux objectifs que vous désirez atteindre, avec persévérance, de façon continue, sans faiblir. Les résultats progressifs que vous obtiendrez seront les meilleures preuves que vous êtes sur votre voie du courage. Ne reculez pas, ne doutez pas. Même si les bénéfices sont longs à venir, ils ont commencé à se créer et à donner des intérêts dès le moment où vous avez choisi d'une manière ferme votre voie du courage. Vous avez semé des graines, arrosez-les et elles ne manqueront pas de germer.

Le courage est bien plus qu'un simple état d'esprit, c'est une attitude morale et spirituelle qui nous place d'emblée en face de nos responsabilités. Cette énergie incommensurable est capable de soulever des montagnes, de contourner les pires obstacles. Le chercheur spirituel ne recule devant rien. Il se forge peu à peu une volonté à toute épreuve. Cette volonté s'accompagne ordinairement du courage, physique et moral. Ce qui est évident – et indispensable ! – dans la pratique des arts martiaux, devrait l'être également dans cette guerre sainte interminable que doit mener l'individu qui désire s'affranchir des illusions et des erreurs.

Nous sommes fréquemment confrontés à des peurs innombrables ou à des craintes irrationnelles et nous perdons souvent de vue l'origine même de l'émotion. La peur, dans le bouddhisme tibétain, est une manifestation illusoire de notre négativité, l'éphémère expression de notre propre incomplétude. Les émotions sont illusoires, puisque le « je » est illusion. Comment saisir vraiment l'esprit ? L'esprit cherche l'esprit qui est sans forme et vient du vide.

Quelque chose cependant nous fait vivre et agir. Cette illusion est bien solide. La vraie question est de savoir si c'est le corps qui produit la pensée ou si c'est le mental qui construit le réel, et élabore le monde physique. La saveur du réel est si subtile, si transparente, qu'il est bien rare que le mental puisse en capter la pure essence.

Le courage est, à la fois, une puissante énergie et une forte émotion. La source du courage se situe dans le corps, dans le *Hara*, exactement, à deux centimètres environ en dessous du nombril.

Si ce nombril, cet *Omphalos*, est le labyrinthe de l'être, le *Hara* est la source de vie, la fontaine de jouvence où s'abreuvent les guerriers. « Le plus grand ennemi de l'homme est la peur », déclare le vieux sorcier yaqui Don Juan Matus à l'apprenti *curandero* Carlos Castaneda.

On peut dire du courage qu'il est fiable et fidèle. Une fois que vous aurez maîtrisé les arcanes secrets de cette formidable énergie, vous serez fort, invulnérable, ardent et fier devant la vie et détaché face à la mort.

La confiance en soi

Directement liée à la notion de courage, il y a celle de confiance en soi. Plus vous serez courageux, plus vous aurez confiance en vous ; et plus vous aurez confiance en vous, plus vous serez courageux.

Si vous n'avez pas confiance en vous, c'est parce que vous ne connaissez pas votre vraie nature qui est pure, indestructible, lumineuse. Celle-ci est étouffée par de nombreux conditionnements ; certains provenant de l'éducation, des règles de la société, ou encore des relations professionnelles... et certains que nous créons nous-même. Il faut vous dire, une bonne fois pour toutes, que vous avez une valeur humaine, que votre existence est importante car d'elle dépendent toutes les autres existences, et réciproquement. Vous avez votre place, ici, certainement, mais peut-être ne l'avez-vous pas encore trouvée. Ce livre peut y contribuer.

Inventez-vous une phrase qui affirme votre confiance

en vous. Cela peut aller du simple « J'ai confiance en moi » à « J'ai un rôle à jouer ici-bas, à moi de le trouver » en passant par « Il faut que j'exploite mes capacités ». Répétez-la plusieurs fois par jour et cela vous sera d'une grande aide pour réussir vos expériences d'élévation de conscience. En implantant cette phrase dans votre vie, vous exploitez à votre avantage une des mystérieuses propriétés du conscient et de l'inconscient : leur extrême perméabilité à toute perception, idée ou pensée. Si votre perception est agréable, votre esprit s'ouvrira ; si elle est désagréable, votre esprit sera inhibé. Ainsi en implantant en vous une formule résolument positive, votre esprit accueillera toutes vos suggestions et sera votre allié.

La discipline

Pour certains cette qualité a une connotation péjorative, car elle leur fait penser à l'armée, aux scouts, à l'école... et, pourtant, il est fondamental de la développer pour progresser. Il faut bien sûr s'entendre sur une acceptation de ce mot. Discipline, ici, veut dire organisation et constance.

En effet, vous avez déjà sans doute remarqué que, dans la vie, quand vous voulez atteindre un but, il vous faut respecter certaines règles, dont le suivi d'une ligne directrice pour y parvenir.

Si vous voulez réussir dans le domaine du sport, vous allez vous mettre à vous entraîner, à vous coucher régulièrement à la même heure, à surveiller votre alimentation... Discipline !

Si vous désirez grimper les échelons dans votre profession, vous devrez travailler régulièrement, intensivement et faire preuve de ténacité. Discipline !

Dans le domaine du développement personnel, c'est la même chose. Si vous voulez trouver votre vraie nature ou élever votre niveau de conscience, il faudra bouleverser votre routine, vous dire que vous avez confiance en vous, pratiquer des techniques présentées dans ce livre... Encore et toujours, la discipline !

On ne peut pas y échapper si l'on veut réussir dans la vie, quel que soit le but que l'on s'est fixé.

La disponibilité

Cette qualité est indissociable de la précédente car elle est reliée à la notion d'organisation. En effet, pour pratiquer ces techniques, vous allez changer votre mode de vie habituel. Il vous faudra aménager des espaces de liberté où vous pourrez tranquillement les pratiquer.

Choisissez le moment de la journée qui vous convient le mieux mais essayez de pratiquer régulièrement et avec persévérance. Faites en sorte de consacrer au moins une heure régulièrement, tous les deux, trois ou quatre jours, à vos techniques.

Trouvez un lieu (à l'intérieur ou à l'extérieur) où vous pouvez expérimenter sans être dérangé pendant ce temps que vous vous consacrez. Si vous êtes à l'intérieur, assurez-vous que vous n'avez pas de rendez-vous professionnels ou privés trop proches de votre heure de pratique. Il faut en effet vous conditionner avant cette heure, au moins en esprit, en faisant progressivement le calme en vous, en ralentissant le rythme de vos activités précédant ce moment privilégié de l'expérimentation.

Avant de débuter la pratique, prenez toujours dix minutes pour pratiquer de profondes respirations afin de retrouver un certain état de calme et de paix propice à une progression rapide. Après votre séance, gardez-vous de 15 à 30 minutes pour vous relaxer et profiter pleinement des acquis tout juste engrangés en vous étendant tout simplement en silence.

L'assiduité

Cette quatrième qualité est importante dans la mesure où elle va de pair avec la discipline : sans discipline, pas d'assiduité, et sans assiduité, pas de discipline. L'assiduité dépend donc de votre motivation, elle-même vous sera fournie par les résultats obtenus et vous permettra de pratiquer avec constance et ténacité. Vous travaillerez ainsi plus régulièrement car vous aurez réservé une plage horaire pour la pratique et votre motivation sera forte. Ce qui nous amène tout particulièrement à...

La volonté

La volonté est une des qualités les plus importantes à développer et à nourrir quotidiennement. Par elle-même, elle n'est qu'un concept abstrait et décourageant si l'on en manque ou si nous pensons ne pas en avoir. Elle nous semble alors « quelque chose » de très difficile à atteindre. Or, il n'en est rien. Si vous cultivez les qualités déjà citées, votre volonté s'épanouira spontanément.

Si vous avez eu le courage de commencer à pratiquer avec une plus grande confiance en vous (même si, au départ, elle est petite) avec discipline et assiduité, elle croîtra sans effort apparent. Ce n'est pas la même chose si vous abordez la montagne « volonté » par la voie la plus abrupte, c'est-à-dire celle d'une abstraction pure et simple.

Dans la progression proposée ici, vous attaquerez le sommet « volonté » en empruntant des chemins moins escarpés. La volonté dépend donc, pour se développer, de la croissance en soi de toutes les précédentes qualités. Vous la nourrirez ainsi régulièrement en l'arrosant.

Votre volonté dépendra aussi de l'authenticité de votre démarche. Si vos buts sont nobles et adaptés à votre chemin de vie, votre volonté croîtra progressivement. Elle deviendra véritablement une arme affûtée qui vous permettra d'aborder alors toutes les difficultés avec confiance et aisance. Vous suivrez donc vos objectifs avec constance, détermination et régularité.

Dépendant de la sincérité de vos buts, votre volonté sera toujours présente et stimulante quand vous serez dans votre ligne de vie.

Si vous commencez à la sentir faiblir ou à la perdre, c'est que vous êtes en dehors de votre cheminement personnel. Sa baisse d'intensité sert d'avertisseur. À vous de détecter à temps ce signal d'alarme avant de la perdre complètement. Plus tôt vous reviendrez dans votre ligne de vie, plus facilement vous récupérerez toute la force de votre volonté. Plus vous attendrez et plus ce sera difficile de la restaurer et de refaire le chemin perdu.

Vous avez toutes les qualités en vous, cela de nombreuses traditions le disent. Vous les avez oubliées ou affaiblies à cause des conditionnements qui ont été déjà évoqués. Il suffit que vous le vouliez pour retrouver ou renforcer votre volonté. Vous n'avez rien à puiser à l'extérieur. Vous possédez déjà la volonté en vous. Il suffit d'aller la chercher en cultivant toutes les autres qualités déjà citées, et elle s'épanouira librement.

La volonté passe avant tout par la reconnaissance des valeurs essentielles. L'éthique est le fruit de la conscience. Les notions familières de bien ou de mal, le sens du devoir et le désir de s'engager au service d'autrui, ces valeurs correspondent à une évolution spirituelle bien précise. Mais l'intention ne suffit pas. Pour mener un projet à son terme, il importe qu'il y ait du courage et de la persévérance. Il ne faut surtout pas se décourager au premier obstacle venu ! La volonté est une vertu qui se travaille et se peaufine.

Les arts martiaux sont une bonne école, un excellent « tremplin » pour le développement de la volonté. Les professeurs d'arts martiaux sont très souvent reliés à une forme orientale de méditation. Ils n'ignorent pas non plus l'exemple enrichissant des célèbres *samouraïs* !

L'exercice de la volonté est une longue marche sur le feu. C'est un sentier interminable où l'être en proie aux illusions rencontrera l'ingratitude, la dérision et le mépris. Car celui qui s'engage à démasquer les jeux du monde ne pourra que se heurter à l'hypocrisie et au non-dit. Plus on s'élève, plus on est seul. Entouré d'aigles ou de sirius, d'éphémères arcs-en-ciel ou de neiges éternelles... si loin des hommes, de leurs problèmes, de leurs bassesses et de leurs peurs.

La volonté n'a rien à voir avec l'orgueil ou le paraître. C'est un vouloir sans illusion, une insoutenable tension vitale qui engage l'être... et le dépasse. La volonté efface l'ego et les jeux vains du cirque mondain. La volonté à l'état pur est un désir qui nous dépasse. C'est un appel du Feu de Dieu, un déchirement inexorable de nos valeurs si relatives.

L'humour

Nous avons gardé cette dernière qualité pour la bonne bouche car elle est indispensable pour se remettre en cause, progresser et obtenir des résultats rapides. L'humour est lié à son contraire, l'orgueil, dans la mesure où il consiste, justement, à ne pas se prendre au sérieux.

Il faut développer, par rapport à soi-même, un solide sens de l'humour et les difficultés s'aplaniront plus vite que vous ne le pensez. Au niveau des blocages qui empêchent d'évoluer dans la vie se trouve le « sérieux ». En effet, nous avons souvent une haute opinion de nous-mêmes, c'est-à-dire de notre personnalité, de nos capacités, de nos idées que nous considérons la plupart du temps comme les meilleures car, après tout, ce sont... les nôtres ! Elles nous permettent de nous définir, de nous identifier et de nous situer dans la société. Grâce à l'image que nous avons de notre personnalité, nous pensons savoir qui nous sommes sans autoriser les autres à la remettre en cause.

Or, avec les techniques d'élévation de conscience, vous allez être confronté à d'autres idées, d'autres comportements, d'autres frontières de vous-même. Il convient d'adopter par rapport à ces nouvelles données une attitude ouverte et bienveillante. Vous allez découvrir des aspects de votre personnalité que vous aviez oubliés, que vous ignoriez ou que vous refouliez. Il va falloir vous mettre à nu devant vous-même. Cette remise en question demande une bonne dose d'humour car il faudra vous accepter dans votre intégralité, dans les grandes choses ou « qualités » comme dans les petites choses ou « défauts ».

Devant la découverte de vos côtés négatifs, ne réagissez pas en vous recroquevillant, en refusant ces « révélations », ou en abandonnant l'expérimentation pour retourner à une routine certes rassurante mais, au fond, insatisfaisante car sinon vous n'auriez pas entamé ce travail sur vous-même.

De toute façon, une fois que vous aurez goûté à ces techniques d'élévation de conscience, vous ne voudrez plus les délaisser, et vous y reviendrez. En touchant vos points sensibles, elles ont atteint une partie de votre être qui aspire à s'exprimer ou à se transformer. Car, que vous le vouliez ou non, votre nature véritable « pousse » de l'intérieur. Même si vous la réprimez, elle finira par vouloir percer à la surface un jour ou l'autre. Alors, gagnez du temps et aidez-la tout de suite !

Ainsi, quand vous découvrez un défaut, une remise en question, la fausseté de vos préjugés, commencez donc par en rire car vous n'êtes pas ce défaut, ce concept, ce préjugé. Ce ne sont que des données illusoires qui ont été mises en vous par la société, le milieu ambiant, vos parents, votre éducation scolaire... ou vous-même !

Pratiquer l'autodérision ne signifie pas se forcer à rire pour rire car vous finirez par... rire jaune. Contentez-vous dans un premier temps d'esquisser un sourire dès qu'un ennui ou une pensée négative apparaissent. Vous verrez que cela changera progressivement votre attitude dans la vie. Au bout de quelque temps de cette pratique, il se peut que vous riiez franchement de joie d'avoir découvert un défaut chez vous. D'ailleurs, vous verrez l'utilité de cette thérapie par le rire dans le chapitre qui lui est consacré. Adopter cette attitude joyeuse devant un problème est un excellent facteur de progression et de déblocage.

De même, dans la vie courante, dès qu'une difficulté apparaît, qu'une action vous semble au-dessus de vos forces ou de vos capacités, souriez ou riez à ce problème et vous vous apercevrez que la montagne en question accouchera d'une souris que vous aborderez avec un état d'esprit plus clair, dégagé et efficace. N'est-il pas plus facile d'attraper une souris que d'aplanir une montagne ? L'humour par rapport à soi-même le permet.

Si vous riez ou souriez de vous-même cela montre que vous exercez un contrôle sur vous car si vous êtes tendu, soucieux ou trop orgueilleux, vous êtes pris par vos émotions, vos sentiments sans pouvoir prendre un quelconque recul par rapport à eux. Une véritable prise de conscience, par l'intermédiaire de l'humour, de vos capacités, de la vraie importance d'une épreuve entraîne inévitablement une notable expansion spirituelle.

Chapitre 2

Le fakir et les différents niveaux de réalité

Il serait impossible d'aborder concrètement le domaine de l'extase et des moyens susceptibles de nous faire accéder à cette dimension inconnue, sans aborder de front le problème passionnant de la réalité.

De tous temps, les êtres humains ont cherché à explorer les territoires invisibles et ignorés de leur psychisme. Ils ont tenté aussi d'affiner leurs cinq sens, afin de dépasser les contingences ordinaires de leur situation terrestre.

Le réel, pour beaucoup, est un concept intellectuel. Pour d'autres, moins nombreux, c'est un état presque physique. Pour d'autres encore, les plus rares et les plus favorisés, le réel est une qualité de l'être. Il n'y a même plus de distinction à faire entre la Réalité, avec un grand R, et le Soi, avec un grand S.

Le Soi, à ne pas confondre avec le « ça » cher à Groddeck, c'est ce que en Inde on appelle l'*Atman*. Autrement dit, le Soi est la Réalité Suprême qui peut se manifester, tôt ou tard, chez un être. Le « simple » soi, dès lors, est simplement dissous ! Le Soi est bien plus grand, bien plus fort que le soi. De même que le soi, notre conscience, notre personnalité la plus profonde et la plus authentique, n'ont rien à voir non plus avec l'ego, le moi vulgaire.

Du moi au soi, du soi au Soi, le chercheur spirituel, tout au long de sa vie, va tenter de franchir ces étapes difficiles.

La plupart des êtres humains restent malheureusement au niveau du moi, des appétits grossiers et matériels.

Les autres se partagent entre le soi et le Soi.

L'homme intelligent, l'artiste, le visionnaire, le thérapeute, tout être humain qui a commencé de « travailler » sur lui-même et de prendre conscience des valeurs essentielles, ont déjà atteint le soi. Ils ne sont plus dans le moi, même si, parfois, ils y retombent, mais ils ne sont pas encore arrivés au niveau supérieur, c'est-à-dire à l'éveil, à la fusion avec le Soi.

Encore qu'il soit permis à certains de rencontrer, fugitivement et exceptionnellement, le Soi.

Une très forte intuition ou un choc esthétique, une expérience amoureuse ou une révélation, d'ordre mystique ou scientifique, sont tout à fait capables de « soulever le Voile ». Les Anciens en effet employaient cette expression dans le cadre des petits et grands mystères (les Mystères d'Éleusis ou de Delphes, les bacchanales de Dionysos, les initiations de Mithra ou d'Osiris...).

Autre chose est de demeurer perpétuellement dans cet état ! Ou, plutôt, dans ce non-état.

On pourrait comparer l'état de soi à celui de l'être. De même, le Soi serait-il le royaume du non-être.

Cette notion de non-être n'est pas spécifique aux traditions bouddhistes ou taoïstes. On la retrouve aussi chez Maître Eckhart ou saint Jean de la Croix (« la nuit obscure de l'âme »), chez Jacob Boehme (l'*Ungrund*) ou Heidegger (« les chemins qui ne mènent nulle part »). Le philosophe allemand Martin Heidegger, à la fin de sa vie, était en relation avec un maître zen. Son correspondant japonais, le professeur Daitsaro Suzuki, lui transmit subtilement la saveur ineffable du zen. Le philosophe des forêts sombres et des clairières indéchiffrables fut profondément troublé par cette « démonstration » métaphysique du zen.

Mais n'allons pas plus loin et ne nous égarons pas (pour mieux sans doute nous retrouver ?!) dans les allées philosophiques.

Restons pratique et efficace ! Et n'est-ce pas, après tout, le propos de ce livre ?

Il est tout de même indispensable de pouvoir débroussailler les différents concept de la Réalité. Sans ce travail préparatoire, on court le risque de se perdre dans des significations vagues et mal éclairées.

L'extase et le réel sont indissolublement liés. Sans réel point d'extase et sans extase... point de réel !

Ce n'est pas aussi simple que cela. Certains ont mis plusieurs vies pour y accéder.

Plusieurs vies ? Plusieurs cycles d'existence ? Est-ce que cela est bien réel ? De quelle réalité est-il ici question ?

La résistance à la douleur

Considérons nos perceptions. Elles sont reliées comme chacun sait au système nerveux. Si j'approche une flamme de mon doigt, je me brûle. Cela fait mal et je sursaute. Mon cerveau enregistre immédiatement la sensation. Ainsi pouvons-nous dire que la source du plaisir ou de la douleur se trouve dans la conscience. Mais est-ce bien suffisant ? Et comment se fait-il justement que certains grands yogis ou fakirs soient insensibles à la douleur ? Par quelle force intérieure ont-ils pu surmonter leur souffrance ? Étaient-ils au départ insensibles ? Bien sûr que non. Les fakirs qui se produisent sur les scènes internationales ressentent réellement la douleur. Quand ils se transpercent la joue ou le bras avec une fine aiguillette d'acier, ils ressentent quelque part la douleur fulgurante. Seulement, ils sont parvenus, après de longs et pénibles efforts, à canaliser le point d'impact de la souffrance. Leur mental a pris suffisamment de distance avec la réalité physique pour qu'ils ne ressentent (presque) plus rien. Ajoutez à cela une respiration régulière, proche en cela des grands yogis, des exercices d'autohypnose, et un moral à toute épreuve !

On parle trop rarement des fakirs dans le domaine de la spiritualité et cela est bien regrettable car ces hommes ont tous quelque chose à nous apprendre. Les fakirs qui se produisent sur scène ne sont pas des illusionnistes ! La plupart d'entre eux suivent une voie spirituelle. L'enseignement principal du fakirisme n'est rien d'autre que la victoire de l'esprit sur le corps et la matière.

Si l'esprit est capable de surmonter les inconvénients de la faim ou du froid, de la peur et de la souffrance physique, c'est qu'il est « autre chose » qu'un cerveau dans un crâne.

L'esprit est relié à une centrale d'énergie illimitée. L'être n'est pas séparable du cosmos et tout ce qui vit et existe dans l'univers n'est que la représentation impermanente – et parfois illusoire – du vide et de Dieu.

Le sixième patriarche

La maîtrise de l'être humain sur la douleur, qu'elle soit physique ou spirituelle, tient compte de l'inévitable principe de plaisir. Chacun de nous sur terre a droit au bonheur, au plaisir, à la joie. Cela dit, bien peu de gens peuvent accéder à un état permanent d'harmonie. Cette constatation de la souffrance inéluctable à toute vie humaine a permis au Bouddha de trouver l'illumination. Nous connaissons la suite... Le bouddhisme est aujourd'hui une des plus importantes religions du monde. Plus qu'une religion, c'est une philosophie, un art de vivre et de mourir, qui fait de plus en plus d'émules depuis presque vingt ans dans les milieux occidentaux.

Les vertus de cette belle philosophie sont multiples. La compassion et l'attention aux autres sont les fleurons de ce système. Qui s'appuie plus particulièrement sur cette notion du détachement. C'est bien ce qu'avait trouvé le Bouddha au moment de l'éveil. On ne peut vaincre – et dépasser – la maladie, la mort et la souffrance qu'à condition de faire le saut et de se détacher, radicalement, des illusions de la matière et du confort intellectuel. Ainsi, dans la tradition chinoise du *Tch'an*, Houeï-Neng, le sixième patriarche, Huang-Po et tant d'autres ont-ils bien insisté sur la nécessité absolue de casser tous les dogmes. « Si tu vois le Bouddha, tue-le ! » L'enseignement de cette époque était farouche, rempli d'humour, de sauvagerie et de violence. Les disciples n'étaient pas des assistés à la petite semaine, chacun devait se prendre en charge et chevaucher le tigre et le dragon de ses passions.

Quant à l'extase, eh bien mieux valait ne jamais en

parler sous peine de se faire rabrouer vertement par le Maître qui, s'il était un vrai maître, devait être le premier à rire de lui-même !

Bien entendu, au-delà de toutes ces anecdotes hautes en couleur et truculentes, le drame existentiel pouvait librement continuer son chemin. Les hommes, dans toutes les époques, sont toujours les mêmes. Ils poursuivent le bonheur, la sagesse ou la gloire, et la plupart au bout du compte vont devoir sombrer dans la résignation, le désespoir ou l'amertume, quand ce n'est pas dans le cynisme ou le mensonge envers soi-même.

Le sage est celui qui est conscient de tout cela et qui ne pense qu'à une seule chose. Comment aider ces pauvres êtres à Voir le monde tel qu'il est ? C'est-à-dire sans reflets, sans projections et sans tromperies. Ce qui n'est pas une tâche aisée !

Celui qui sait ne parle pas. À la rigueur, il pèse ses mots. L'homme et la femme déjà bien avancés sur la Voie spirituelle n'éprouvent plus le besoin de démontrer quoi que ce soit. Puisque leurs actes sont exemplaires. Leur pensée s'exprime dans leur attitude corporelle. Regardez le Bouddha : il est assis très calmement dans la position du lotus. Car le lotus est une fleur qui s'ouvre et s'offre à l'univers. Le Bouddha s'offre au monde. Il en est détaché. Le dieu-cerf Kernunnos, la figure mythologique des Celtes, adopte la même posture. Tranquille, serein, contemplatif. À la fois humble et majestueux, royal et simple, en dehors du monde. Car s'extraire de ce monde, de ce magma des apparences, redonne à l'être plus de présence. L'être qui sait se détacher sort de l'hypnose phénoménale. La vertu du réel nous conduit à l'éveil.

Le combat spirituel

Le chemin de la réalisation intérieure est une longue alchimie, physique et spirituelle. L'esprit est plus fort que la matière. Les pouvoirs du mental peuvent transmuter le quotidien.

Ce combat avec les forces les plus obscures de l'univers et de notre psyché va entraîner une modification radicale de notre perception, de notre vision du monde. Nous pouvons utiliser ce que les lamas tibétains appellent les « moyens habiles » : savoir jouer et jongler avec ses propres émotions, pouvoir les reconnaître comme étant simplement des manifestations du vide originel, des représentations de la pure vacuité. Cette méthodologie strictement orientale s'avère complémentaire des conceptions jungiennes, de la physique quantique ou des notions druidiques. Certaines prières chrétiennes comme celles de l'abbé Julio sont aussi efficaces à un moment donné qu'un *mantra* tibétain ou un rituel kabbalistique. Le bon sens et la simplicité ont souvent plus d'impact dans les cas gravissimes qu'un rituel trop complexe éloigné du réel.

La guerre sainte continue d'occuper les esprits. Plus on avance, plus on est seul, et les obstacles se multiplient. Ils sont d'ailleurs à la hauteur de l'intrépide voyageur. La symbolique des douze travaux d'Hercule est toujours valable. Le pèlerin spirituel est avant tout un *Samouraï*. Il doit défendre sa liberté et oser dire ce qu'il ressent. Son rôle consiste à dévoiler les impostures d'une fausse sagesse. Il doit braver le rire des dieux et surmonter les peurs humaines. La puissance redoutable du voyage intérieur est de ce fait illimitée. La force profonde d'un être humain est au-delà de la démesure !

Restructurer son inconscient

Purifier sa conscience, redescendre dans le corps, un seul et même mouvement de l'être qui cherche toujours à se dépasser. La conscience devient claire, attentive et ouverte. Sa transparence défie le monde et participe au collectif. Le corps reçoit les impressions et se forge une armure en fonction des multiples stratégies élaborées par l'échiquier mental. Ce jeu d'enfant devient adulte et la raison domine le corps. C'est à ce stade en règle générale que commencent les difficultés. Le « je » s'est trop identifié aux costumes qu'il endosse. Il reste alors au subconscient, ce complice de l'inconscient collectif, à gérer les défaites de la vie réelle, à cicatriser les blessures et les traumatismes de la lutte quotidienne.

Si l'inconscient doit être ainsi exorcisé, c'est en vertu d'un principe taoïste qui veut que l'eau soit claire quand le vase est vidé. Autrement dit, ou suggéré, il s'agit d'un *koan*, d'une énigme de Sphinx : traversée des possibles du reflet d'un miroir, anamorphose emblématique d'un je troublé par son désir. D'autant mieux que le vide, la sublime vacuité, organise les principes et les règles de l'action.

En d'autres termes, pour parler franc, on ne peut fonctionner et agir dans le monde, avec les autres et leurs désirs, qu'à condition d'être soi-même solidement enraciné, bien dans son corps et dans sa tête, avec juste ce qu'il faut de légère fantaisie, de convivial humour et d'amour de la vie.

On peut donc dans ce sens presque tout se permettre ! Et très sûrement aider les autres et au besoin les guérir.

La guérison ce n'est pas sorcier, c'est même la chose la plus facile du monde. L'hésitation vient de la peur, de l'ignorance, du poids des influences. On vous a toujours dit que vous n'étiez pas à la hauteur, que le bonheur et la réussite étaient surtout pour les autres, que le génie n'existait pas et qu'il ne fallait surtout pas croire au père Noël ! On vous a dit et répété sur tous les tons qu'il ne fallait pas, que vous n'aviez pas à, et qu'il fallait faire attention, ménager la chèvre et le chou, courber l'échine et dire merci.

Autrement dit, « on » a fait de vous de ravissants « esclaves ». Votre inconscient est programmé par la famille, l'éducation, l'environnement professionnel. Ces informations nocives sont inscrites au plus profond de vos engrammes. Vous n'avez plus de libre arbitre et pourtant une voix vous chuchote constamment qu'il serait peut-être bon de se réaliser et de vivre sa vie avant l'échéance finale, inéluctable et mortifère. Ne remettez pas à demain votre révolte personnelle ! Devenez *consciemment* seigneur et maître de votre destin. La déprogrammation de vos engrammes (votre système neurologique) se fera naturellement, dès lors que vous aurez franchi le pas et choisi de trancher avec une incommensurable volupté dans le corps même de la souffrance, de l'illusion et du remords.

La méditation du cygne bleu

Voici un exercice très simple et très profond qui peut vous aider, pendant qu'il est encore temps, à changer de cap.

Installez-vous confortablement. Respirez avec calme, attention et douceur. Laissez de côté toutes vos activités quotidiennes. Vous incarnez, en ce moment présent, le total lâcher prise de celui qui veut vivre. Qui veut être réel. Pensez de toutes vos forces à cette idée de réalité. Essayez de « saisir » la vraie réalité. Êtes-vous réel ? Ce qui vous entoure est-il réel ? Comment pourriez-vous définir cette réalité ?

Respirez tranquillement, fermez les yeux, concentrez-vous. Cette idée de réalité doit devenir de plus en plus consciente, presque palpable, physique, concrète. Visualisez la situation suivante : vous êtes au bord d'un lac très bleu. Le bleu de ce lac est superbe, vous n'avez encore jamais vu un bleu si reposant, bleu de velours, de paradis.

Fixez ce bleu entre vos yeux. Visualisez un cygne d'or. Le cygne blanc devient doré. Il passe très lentement devant votre champ visuel. Vous aimez ce cygne, il est à la fois votre ami et une part de vous-même.

Cette contemplation est bénéfique. Vous êtes parti dans un autre univers. Le bleu est la couleur du vide, de ce que les bouddhistes appellent *sunyata*. Le cygne peut être l'oiseau Hamsa de l'Inde traditionnelle. Cygne celtique et magicien, il est un druide réincarné. L'esprit du druide vit dans le cygne.

Vous observez paisiblement sa délicate évolution. Puis le cygne devient bleu, tout devient bleu et disparaît.

Êtes-vous le cygne ou la couleur ? Êtes-vous le lac ou l'Origine ?

Continuez cette méditation, avec ses infinies variantes, autant de fois que vous pourrez en éprouver le désir.

Peu à peu, lucidement, votre conscience va s'éclaircir. Une force vitale jaillit en vous. La réconciliation de votre être est à l'œuvre. Par le jeu fluide des énergies, votre inconscient est transmuté. Cet exercice est très puissant. Il est au cœur d'une science nouvelle : la magie blanche et éternelle (profondément intemporelle) de la divine et transpersonnelle bio-énergothérapie.

Votre pensée construit le monde

On retrouve la notion de regard objectif dans l'enseignement de Gurdjieff ainsi que dans bon nombre de textes soufis ou tibétains. La plupart des grands maîtres spirituels de l'humanité ont insisté sur ce point. À bien réfléchir, il paraît impossible de progresser intérieurement sans avoir développé ce regard objectif. Mais de quoi s'agit-il ? Comment peut-on parler d'objectivité dans ce domaine où justement les émotions sont mises à nu, où l'intériorité de l'homme est dûment travaillée, labourée, fructifiée ?

On se souvient alors de Nietzsche qui fustigeait à juste titre les partisans fanatiques de la vertu et du détachement. Pour ce penseur ludique et dionysiaque, la surface suffisait, la profondeur n'existait pas, ce n'était qu'un fantasme, une béquille pour esprits faibles. À sa manière, si virulente et prophétique, le philosophe de Turin rejoignait la pensée « à coups de marteau » des maîtres chinois du *Tch'an*. Nietzsche avait tellement plongé à l'intérieur de lui-même, il connaissait si bien l'être humain et ses mécanismes psychologiques les plus complexes, qu'il avait fini par se rendre compte que tout cela était finalement sans aucune espèce d'importance et que la vie pouvait suffire, la simple vie, l'instant présent.

Au-delà de la complexité apparente des phénomènes mentaux, des projections de notre esprit, il existe un état, nous dirions même : un lieu, où plus rien ne se passe qui ne soit lié à l'essentiel, au moment immédiat, à la pure transparence.

C'est dans ce lieu que l'être existe, que sa pensée peut s'exprimer et que son corps peut respirer.

Un va-et-vient incessant entre l'ordre du monde et la pensée humaine est le signe distinctif de la vie essentielle.

L'être humain « initié » peut correspondre à volonté avec la structure intime de l'univers. Autrement dit, avec lui-même, puisque l'être et le monde dans leur essence sont identiques.

Ce préambule philosophique n'a d'autre but que d'insister sur l'importance du regard objectif. C'est d'un yoga purement mental que nous voulons ici parler. La pensée est puissante mais n'arrive pas à se fixer. « Fixer le volatil et volatiliser le fixe » est une expression pour le moins courante dans les textes alchimiques. La pensée est de l'air, un fluide subtil et invisible. Cette pensée crée du feu, de la terre et de l'eau. La pensée crée le monde. Aucune pensée n'est innocente, la puissance du mental conduit le corps et le domine. L'être est soumis aux fluctuations de son mental halluciné. Il vit vraiment dans l'illusion et n'arrive guère à distinguer l'état de rêve et le réel. Comment sortir de ce sommeil et déchirer le voile d'Isis ? Par un travail sur la conscience qui ne fait plus de concessions. La souffrance est souvent le moteur de l'éveil. La souffrance « volontaire » qu'évoquait Gurdjieff est justement ce sacrifice, ce saut de l'ange hors de soi-même. Le corps de gloire est à construire. L'incarnation n'est pas donnée. Elle se mérite et se façonne. La pierre se taille et se retaille. Le corps subtil est alchimique.

Chapitre 3

Les pouvoirs secrets du Qi

Le Qi est l'Univers, la forme cosmique de l'univers. Le Qi (prononcer Tchi) est une énergie originellement infinie qui parcourt le corps et aussi le mental de tout être vivant. Les hindous nomment cette énergie le *Prana*. En médecine chinoise, acupuncture et herboristerie, le Qi est un concept fondamental. On peut mourir par manque de Qi. De même on peut vivre longtemps et en parfaite santé du fait d'une saine et intelligente gestion du Qi.

Le Qi échappe à toute définition limitative et rationnelle. Il est tellement puissant qu'il dépasse les qualificatifs habituellement utilisés pour parler de l'énergie. Le Qi est la mer des énergies, le centre ultime qui contient tout.

Si le Tao est la nature ultime des choses, l'essence mère de tout mouvement, le Qi serait la vie manifestée, cette énergie illimitée et éternelle qui meut le monde et les humains.

Connaître les secrets du Qi, c'est pouvoir maîtriser toutes les formes d'énergie. La compréhension intellectuelle et raisonnée du Qi provient de l'expérience et de la perception. La voie initiatique des adeptes taoïstes est un chemin solide et réel, efficace et pragmatique. Nous ne sommes pas ici dans l'univers du rêve, mais dans un réel entier et pur qui conduit l'être humain à explorer consciencieusement les multiples possibilités de l'univers et de son propre esprit.

La perfection de la vigilance

Concevoir l'existence d'une énergie autre que personnelle demande une certaine humilité. Le Qi manifeste dans l'homme la suprême énergie du cosmos. L'univers vit dans nos cellules. Les sensations peuvent devenir de plus en plus subtiles, impalpables et légères. Il ne tient qu'à l'adepte de ressentir cette énergie et de faire circuler le *Prana* dans son corps. (Le *Prana* est le terme sanscrit qui correspond au Qi.) De façon plus concrète, la maîtrise de cette énergie est capable d'accomplir des « miracles ». Qui n'a jamais assisté par exemple à une brillante démonstration d'arts martiaux ? Dans les arts de combat vietnamiens, il est fréquent d'apercevoir la traditionnelle coupe d'ananas. Le fruit est placé en équilibre sur la tête d'un élève. Le maître a les yeux bandés. Il n'y a jamais aucun trucage. Il se concentre quelques instants et lève son sabre avec lenteur. Puis, avec une rapidité foudroyante, la lame s'abat vers le disciple, sépare distinctement l'ananas en deux parties et s'arrête « miraculeusement » à quelques dixièmes de millimètre du cuir chevelu ! Remarquable exercice d'attention, de vigilance et de concentration, la coupe au sabre n'est qu'un exemple parmi tant d'autres de ce que peut accomplir un pratiquant d'arts martiaux qui a longtemps travaillé sur la puissance du Qi.

Le miracle ordinaire

Un maître sino-vietnamien, Harrold Ming Shan, qui enseigne le *Tacheng Chuan* (la boxe du grand accomplissement), le *Pakua* et le *Hsing I* près de Paris, permit qu'un jour je le défie, amicalement, sur l'endurance. Défier quelqu'un sur l'endurance, dans le jargon des arts martiaux, signifie qu'on le teste sur le plan de la résistance physique et morale à la douleur. Immobile, torse nu, Ming Shan se tenait devant moi, tenant d'une main une cigarette et de l'autre une canette de bière ! Il attendait, dans un état d'apparente décontraction, que je le frappe de toutes mes forces sur l'estomac, à coups de poing et de pied. Non seulement il ne bougea pas d'un pouce, mais de plus il souriait, insensible à mes coups, pourtant portés avec violence. Quand enfin j'eus fini, il me projeta très légèrement, les bras tendus, contre le mur. J'eus l'impression d'être littéralement soulevé de terre et je vins percuter le papier peint! « Cela, c'est la puissance du Qi. C'est ce que m'a enseigné mon maître chinois Wang Xuanjie, le spécialiste du *dachengquan*. N'importe qui peut en faire autant... à condition de s'entraîner et de savoir guider le Qi. »

Un autre maître chinois, Sifu Loï-Minh, avec lequel je pratiquais le style du Sud de Shaolin dans le parc des Buttes-Chaumont, était capable de courber une longue tige d'acier flexible avec le seul point d'impact de sa gorge. Exercice fort dangereux s'il en est! Mais que Loï-Minh accomplissait comme en se jouant pour le plus grand bonheur des spectateurs occidentaux médusés.

Ce grand professeur de *kung-fu* connaissait bien le bouddhisme tibétain. C'était un homme charmant, d'une très grande douceur, humble et modeste, comme les vrais maîtres.

Une fois encore nous remarquons que les prouesses et les « pouvoirs » ne sont que les manifestations, certes spectaculaires, d'un état intérieur de pureté et de joie. C'est ce qui caractérise la plupart des maîtres spirituels : cette joie limpide et cet humour, et en même temps ce détachement, et ce regard qui sans cesse s'extasie devant la beauté et le mystère troublant du monde.

L'acquisition de la santé

Les pouvoirs secrets du Qi sont transmis de maître à disciple, dans le secret des monastères et dans les centres d'entraînement des disciples taoïstes. Depuis déjà quelques années, les courants « secrets » du néo-taoïsme ont essaimé en Occident. Acupuncteurs et sexologues, psychologues et professeurs d'arts martiaux, géobiologues et guérisseurs s'intéressent de très près à cette magie du taoïsme, miraculeuse et bénéfique.

S'il est relativement aisé de percevoir cette énergie,

que les maîtres taoïstes appellent le Qi (ou Ch'i), il est plus difficile d'en connaître les modalités et de pouvoir l'utiliser à bon escient. Le Qi, insaisissable, comme le Tao, son origine, peut néanmoins être capté par des méthodes traditionnelles.

La possession d'un Qi puissant est indispensable pour obtenir et conserver une résistance à toute épreuve.

La pratique régulière de ces exercices permet de maîtriser le flux vital, d'être toujours en bonne santé et de pouvoir mieux vous défendre, aussi bien physiquement que moralement et psychiquement.

D'une façon plus subtile, cette expérimentation pratique du Qi, dans les moindres détails de la vie quotidienne, peut également vous apporter un regain de jeunesse, un plus fort magnétisme et une chance indestructible.

Ces « pouvoirs » ne sont que le reflet d'une voie spirituelle harmonieuse et lucide. Puisse le Tao guider vos pas jusqu'aux secrets ultimes du Qi !

Chapitre 4

Le rêve lucide

Dans nos tentatives pour essayer d'élever notre niveau de conscience, un réflexe courant consiste à aller chercher à l'extérieur de nous-même les moyens et les méthodes appropriés pour progresser. En tournant notre regard vers l'intérieur, nous découvrirons des richesses inexploitées et des domaines à explorer. Le rêve fait partie de ce réservoir inépuisable qui se trouve en nous. Alors utilisons-le.

Le rêve est en effet un des « biens » intérieurs les mieux partagés par tous les humains. Tout le monde rêve. Des expérimentations scientifiques ont démontré que des patients privés de leur activité onirique présentaient de graves troubles psychologiques voire même risquaient de devenir fous. Aussi, les personnes qui disent ne pas rêver, en réalité, ne se souviennent pas de leurs rêves, matière volatile par excellence.

Il arrive également que nous pratiquions une forme d'autocensure par rapport à nos expériences oniriques car nous ne leur accordons pas d'importance ou parce que leur contenu nous paraît parfois absurde, dépourvu de logique, inexplicable. Cela n'est vrai qu'en apparence car les rêves ont leur logique, bien que différente de celle que nous avons l'habitude d'utiliser dans notre vie quotidienne – et cela, Freud l'a démontré. Néanmoins, ils ont aussi leurs lois, qui défient souvent celles qui régissent notre mode de pensée habituel et rationnel. Souvent notre refus du monde onirique vient du fait que nous y assouvissons des désirs, sexuels en particulier, que nous n'oserions pas exprimer à l'état de veille.

Notre monde moderne s'obstine à négliger le continent de nos nuits sauf sous son angle scientifique alors que, de tout temps, et aujourd'hui même, dans plusieurs parties du monde, le rêve a été une partie importante de la culture. Il permet souvent la transmission de celle-ci comme chez les Aborigènes d'Australie ou les Senoï de Malaisie, par exemple.

Les rêves thérapeutiques

Aussi loin que l'on remonte dans l'histoire humaine, on trouve des traces de l'utilisation thérapeutique, prémonitoire et spirituelle des rêves chez les Assyriens, les Égyptiens, les Grecs, les Celtes et les Romains...

De même, plusieurs traditions spirituelles utilisent les rêves. Leur maîtrise est d'ailleurs une étape indispensable du cheminement spirituel, par exemple avec l'utilisation du yoga du rêve dans le bouddhisme et dans l'hindouisme. Le contrôle des rêves y est considéré comme indispensable pour progresser et pour réaliser la nature subjective du monde qui nous entoure. Pour beaucoup de traditions, il est fondamental de trouver la signification de ses messages oniriques pour vivre d'une façon plus équilibrée sa vie quotidienne.

Chez nous, il fallut attendre Sigmund Freud et l'avènement de la psychanalyse pour que les rêves soient enfin reconsidérés. Ce moment était attendu depuis leur condamnation au Moyen Âge par l'Église comme manifestation des forces obscures du Mal. *L'Interprétation des rêves* de Freud, paru en 1899, marqua le début de l'étude moderne des rêves. Le mérite de Freud fut de montrer le rêve non plus comme un intermédiaire avec le monde extérieur des esprits, des divinités, des morts, mais comme un chemin qui peut nous conduire à une plus grande connaissance de notre être intérieur et aider au développement de notre psychisme.

Le rêve a une signification cachée et exprime nos désirs refoulés. Il amène au grand jour nos frustrations, nos inhibitions et nos fantasmes. Pour Freud, l'illogisme apparent du rêve correspond au décalage qui existe entre son contenu manifeste (récit et étapes du rêve) et son contenu latent (le désir refoulé exprimé d'une façon symbolique par les images oniriques). L'analyse de nos rêves, mais plus encore leur maîtrise, permet d'accéder aux profondeurs de l'inconscient.

La révolution du rêve lucide

La deuxième révolution dans le domaine du rêve s'est déroulée dans les années 1950 avec la découverte des fabuleuses possibilités du rêve lucide. Rêver lucidement consiste à s'apercevoir pendant un rêve que l'on rêve sans se réveiller. Vous vous « éveillez » en fait à la conscience onirique, en continuant à dormir comme dans un rêve ordinaire, à la seule différence que vous pouvez contrôler votre rêve et l'utiliser suivant votre bon vouloir.

Avec le rêve lucide, il n'est plus nécessaire d'interpréter vos rêves car c'est vous-même qui les créez et/ou qui les dirigez. L'interprétation des rêves est très difficile car il serait simpliste de penser qu'il suffit d'appliquer une grille de décodage à vos expériences nocturnes pour en avoir l'explication. Il n'est pas possible de réduire la riche matière onirique à des mécanismes aisément démontables. Chaque rêve et tous les événements qui s'y produisent sont des données éminemment personnelles. Les symboles qui y apparaissent varient d'un individu à l'autre et dépendent de son esprit, de son éducation, de sa culture, de ses croyances, de ses idées préconçues... Si vous ne connaissez pas à fond toutes ces données sur un individu, il est impossible de donner une traduction de ses rêves. Peu de méthodes d'interprétation et autres clés des songes tiennent compte de ce facteur. Il n'y a qu'une seule personne qui soit capable d'interpréter vos rêves : vous-même !

Cependant, comment voulez-vous y parvenir si vous les oubliez au réveil ou si vous n'apprenez pas à les contrôler ? C'est impossible. Le rêve lucide peut vous aider et, alors, vous saurez vraiment ce que rêver veut dire et vous pourrez connaître la signification de vos songes au moment même où vous rêvez. Ce qui est beaucoup plus efficace que d'essayer de s'en souvenir au réveil.

En effet, pendant que vous dormez, vous vivez votre expérience onirique instant par instant, en direct, et vous êtes capable alors de travailler directement sur cette matière première. Tandis que, lorsque vous utilisez vos rêves après le réveil, sauf si vous les maîtrisez parfaitement, il est souvent très difficile de faire la part de l'imagination, de savoir si vous avez vraiment rêvé de telle chose ou si vous pensez l'avoir fait ; et enfin, de vous rendre compte si vous ne mélangez pas des éléments appartenant à des rêves différents.

Rêver lucidement permet de ne plus être un acteur passif, une « victime » de ses rêves mais d'y participer pleinement, et de devenir le véritable acteur de tout ce qui s'y passe. Le monde de vos rêves est à vous et vous pouvez l'utiliser dans une optique de développement personnel. Ainsi, vous acquerrez une plus grande autonomie par rapport aux phénomènes qui surgissent en vous comme les pensées, les émotions et les sentiments. En effet, en contrôlant votre existence nocturne, vous changerez votre vie diurne. Vous vivrez davantage votre vie en développant pleinement votre personnalité.

S'ouvrir à d'autres dimensions de soi-même

Le rêve lucide permet de (re)trouver son équilibre, d'optimiser ses capacités de décision, d'augmenter sa créativité, de se débarrasser de ses cauchemars, de ses peurs diurnes, de ses angoisses, de ses phobies, de ses inhibitions, de sa timidité, de participer à la guérison de ses maladies...

Ses possibilités sont illimitées. Le rêve lucide sera ce que vous en ferez. Essayez les méthodes qui vous sont proposées. Vous ne risquez rien, elles sont faciles à mettre en œuvre. Vous constaterez rapidement que, vous aussi, vous pouvez acquérir la maîtrise de vos rêves.

Maîtriser la lucidité onirique peut être considéré comme une façon d'accéder à des niveaux de conscience supérieurs. En effet, dans un rêve lucide toutes vos facultés sont beaucoup plus en éveil que dans la vie quotidienne. On pourrait même dire que la plupart des gens dorment au cours de leur existence tellement ils sous-exploitent leurs possibilités intérieures. Ce n'est pas pour rien que beaucoup de traditions parlent de l'éveil spirituel.

Il s'agit de s'éveiller à une autre perception de la réalité, différente de celle que nous avons habituellement de notre être. Au cours du rêve lucide, votre esprit est en éveil permanent, votre mémoire et votre cerveau fonctionnent à plein rendement. Tous vos sens sont affûtés : vous voyez, vous sentez, vous entendez beaucoup mieux que d'habitude. Vous avez même plus de possibilités que dans la vie ordinaire car vous n'êtes pas soumis aux lois de la pesanteur. Vous pouvez voler, parcourir de grandes distances ou passer d'un endroit à l'autre en une fraction de seconde...

Le simple fait de devenir lucide a un impact bénéfique sur tout votre être (corps/esprit). Quand vous débutez dans le contrôle de vos rêves l'état d'esprit dominant a une forte teneur positive. Cela peut être d'ailleurs un inconvénient lors des premières expériences car l'euphorie qui vous gagne alors peut aussi vous empêcher de maintenir votre conscience lucide. En conséquence, soit vous « revenez » en rêve ordinaire, soit vous vous réveillez. Rassurez-vous : la maîtrise et le maintien de la lucidité onirique ne sont pas excessivement difficiles à atteindre. Très rapidement, vous apprendrez à vous contrôler.

Il est facile de comprendre pourquoi vous ne risquez pas de vous angoisser ou de développer des tendances négatives dans un rêve lucide, contrairement à ce qui peut se passer en rêve ordinaire. En effet, lorsque vous devenez conscient dans votre rêve, vous savez que vous rêvez, et que vous ne risquez rien, quels que soient les événements qui s'y produisent. Si votre expérience est positive, vous pouvez la prolonger pour augmenter votre bien-être. Et si vous vous retrouvez dans un cauchemar ou dans une situation onirique désagréable, étant conscient de l'illusion de votre expérience, vous savez que vous n'avez pas à avoir peur.

Faire face à ses démons intérieurs

Dans un rêve ordinaire, vous n'êtes qu'un acteur ballotté par les courants de votre inconscient, vous êtes persuadé de vivre l'expérience en question : viol, agression, chute... et vous paniquez. Souvent même, vous vous réveillez avec la persistance de cette peur.

Dans le rêve lucide, il est recommandé de faire face à ses démons oniriques car, dans ce cas-là, on s'aperçoit souvent qu'ils disparaissent d'eux-mêmes.

Si vous vous trouvez dans cette situation, n'oubliez pas le lien entre vos existences nocturne et diurne et le caractère symbolique du rêve. Celui-ci essaye toujours, certes avec son langage et ses symboles, de vous faire comprendre quelque chose. Si le symbole employé est fort et traumatisant, cela veut dire que vous n'avez pas tenu compte des avertissements précédents plus « doux » que l'inconscient a essayé de vous envoyer par l'intermédiaire du rêve. Ces balises oniriques sont les cristallisations de peurs ou de problèmes non résolus qui sont en vous.

La simple action de faire face à une image onirique apparemment traumatisante provoque un retournement positif du psychisme car nous acceptons alors de l'affronter (ce qui est aussi fondamental pour résoudre tous les problèmes diurnes). La prise de conscience qui en résulte est le premier pas vers la guérison ou la résolution du problème en question. En fonction de la gravité de celui-ci, ne pas fuir devant un agresseur onirique peut suffire à faire disparaître à jamais nos tendances, défauts ou inhibitions qui nous empêchaient de progresser.

Même si nous ne savons pas, dans l'immédiat, à quoi correspond tel symbole onirique, à quel problème il se rapporte, ce n'est pas grave. Notre vie quotidienne en sera quand même changée. Nous remarquerons très vite, après la résolution d'une situation onirique, que dans un domaine de notre existence où nous avions jusque-là des difficultés (vie professionnelle, privée, affective, sociale, relations parents-enfants...), les choses s'arrangent. Nous saurons alors à quoi correspondait le symbole en question.

De toute façon, l'attitude à adopter pendant le rêve lucide est un comportement fondamentalement non violent et de collaboration avec les éléments du rêve. En effet, le rêve n'est pas un ennemi, mais un allié même s'il se présente parfois sous des formes émotionnellement fortes. Tous les éléments qui y apparaissent sont là pour nous aider. Une fois que l'on a accepté cela, les choses changent rapidement et les progrès se font plus rapides. Que ce soient des individus, connus ou inconnus, des animaux, des végétaux, des minéraux voire des figures géométriques, tous représentent des aspects de notre personnalité que nous avons à développer (pour les éléments amicaux et positifs) ou à transformer (pour les éléments hostiles et négatifs).

Le fait de contrôler ses rêves ne réduit pas leur nombre ni leur qualité. Au contraire, ils sont plus nombreux qu'avant, plus riches d'enseignements et peuvent même se montrer surprenants. Contrôle ne rime pas avec ennui. Il vous arrivera ainsi d'avoir encore des expériences oniriques « surprises » qui seront là justement pour vous réveiller quand vous risquez de tomber dans la routine ou l'autosatisfaction.

Vos amis oniriques

Considérez les personnages oniriques comme des amis, quel que soit leur aspect extérieur. Ils sont là pour vous aider. La forme qu'ils prennent est adaptée à votre problème du moment. Qu'ils semblent accueillants ou hostiles, essayez toujours de discuter avec eux. L'expérience prouve que même les personnages qui peuvent paraître les plus agressifs ont un côté positif que vous pouvez trouver et utiliser. N'est-ce pas d'ailleurs la même chose dans la vie quotidienne ? Gardez toujours à l'esprit que celui ou celle qui est en face de vous représente un aspect de votre personnalité, qu'il (ou elle) est vous. Pourquoi auriez-vous peur de vous-même si vous êtes en face d'un aspect de votre part d'ombre que vous n'avez pas encore osé affronter à l'état de veille ?

Si la situation vous échappe, vous avez toujours la

possibilité, en dernier recours de faire disparaître l'« agresseur » ou de vous réveiller. Cette attitude est bonne pour les débutants et pour ceux qui ne manient pas encore très bien leurs rêves. En effet, toutes les voies utilisant le rêve insistent sur le nécessaire face-à-face avec ses démons intérieurs pour progresser. Si vous ne le faites pas, vous risquez de retarder la résolution d'un de vos problèmes ou de vos conflits intérieurs.

Le rêve lucide est un arbre à souhaits. C'est-à-dire qu'il vous fournira ce que vous lui demanderez, et ce, dans tous les domaines. Si vous désirez uniquement accomplir de superbes voyages oniriques, le rêve lucide vous les offrira ; si vous désirez résoudre un problème professionnel, d'ordre affectif ou spirituel, vous obtiendrez la solution par le rêve lucide. Il n'agira pas à votre place mais vous fournira toujours les outils pour résoudre la problématique que vous lui soumettez si vous adoptez à son égard une attitude amicale et ouverte.

Même si le rêve vous présente des aspects de votre personnalité ou des symboles déplaisants au premier abord, n'oubliez pas qu'il ne vient pas de l'extérieur mais qu'il fait partie de vous et qu'il manifeste ainsi votre part d'ombre. Il vous permettra de dépasser vos limites actuelles et vous conduira vers des expériences mystiques et d'autres niveaux de conscience.

Discours de la méthode pratique

Nous abordons maintenant la pratique du rêve lucide étape par étape. D'abord quelques petits conseils.

Si vous voulez faire des rêves lucides, il faut bien sûr... dormir ! Plus vous pourrez vous ménager des espaces de sommeil, plus vous serez à même de rêver lucidement. Il est important de pratiquer dans un endroit calme où vous ne risquez pas d'être dérangé. Il faut donc que, préalablement, vous n'ayez pas trop de problèmes de sommeil et que vous dormiez de cinq à huit heures. La durée des rêves augmente proportionnellement à la durée de la nuit.

Il n'est d'ailleurs pas obligatoire de pratiquer en nocturne. Si vous avez l'occasion de faire la sieste (« activité » d'ailleurs recommandée par d'éminents spécialistes du sommeil pour véritablement se reposer) ou si vous vous endormez facilement en plein jour, sauf au bureau bien sûr ou sur votre lieu de travail, la pratique – à condition d'être isolé du bruit – est aussi efficace. Pratiquez par exemple le week-end ou pendant vos vacances si vous avez un travail salarié.

Si vous souffrez de troubles du sommeil tels que des insomnies, il existe des techniques naturelles (évitez le plus possible les tranquillisants et toute médicalisation !) développées par des spécialistes du sommeil et du rêve comme Pierre Fluchaire (voir en bibliographie).

La période la plus propice au sommeil est celle du sommeil paradoxal qui, comme son nom l'indique, est une phase pendant laquelle vous êtes endormi avec un tonus musculaire inexistant, sans aucun mouvement, mais pendant laquelle votre cerveau est au maximum de son activité. Il faut donc dans la mesure du possible connaître ses rythmes de sommeil et les respecter. Pour les déterminer, reportez-vous, une fois de plus à l'ouvrage de Pierre Fluchaire.

Avant de démarrer, il est important d'établir une hiérarchie de vos objectifs et d'en tenir compte dans la programmation de vos rêves.

Dans un premier temps ne programmez pas des rêves trop compliqués ou n'attaquez pas de front vos problèmes, blocages, peurs, inhibitions... les plus graves. Abordez le rêve lucide en programmant des rêves où les notions de plaisir, de joie, de jouissance sont primordiales. En effet, vous n'êtes pas là pour souffrir mais d'abord pour vous faire plaisir. Alors, commencez par des rêves de voyages, de formes agréables à admirer ou même par des rêves sexuels. Ce sont d'ailleurs les plus faciles à programmer et ceux qui viennent le plus vite. Les études des onirologues montrent que, parmi les rêves ordinaires, les expériences sexuelles sont les plus nombreuses avec les rêves de vol aérien. Ainsi, vous progresserez étape par étape sans trop de difficultés.

Vos réussites initiales seront très importantes. Elles vous encourageront à continuer, et seront une drogue puissante pour pousser plus loin vos investigations nocturnes. Si un type de rêve vous résiste, ne vous entêtez pas, passez à un autre objectif. Vous y reviendrez plus tard avec davantage de succès.

Les trois déclencheurs de lucidité onirique

Le rêve lucide peut apparaître de trois manières différentes.

– La lucidité peut être programmée préalablement à l'endormissement.

– L'induction onirique peut s'effectuer au réveil matinal s'il peut être suivi d'une nouvelle phase d'endormissement.

– Vous pouvez passer aussi d'un rêve ordinaire à un rêve lucide quand vous dormez en prenant tout à coup conscience que vous êtes en train de rêver.

Nous ne parlerons pas de ce dernier cas, car il n'est pas possible de prévoir quand vous passerez d'un rêve ordinaire à un rêve lucide. Il est certain que plus vous pratiquerez l'induction onirique, plus cette transition de l'inconscience à la conscience onirique sera fréquente. D'ailleurs, il vous est déjà peut-être arrivé de faire un rêve lucide sans le savoir dans la mesure où vous avez sans doute connu au cours de votre longue histoire onirique une certaine forme de conscience. Cherchez bien dans vos souvenirs et vous en trouverez. Malheureusement, quand on ne connaît pas la technique d'induction lucide, il est difficile de maintenir sa conscience onirique très longtemps. Nous allons donc nous focaliser sur la programmation des rêves lucides avant l'endormissement et sur leur induction au réveil.

La programmation des rêves lucides

Cette première méthode est à appliquer avant de vous coucher et demande une quinzaine de minutes de préparation. Il est important que vous n'attendiez pas de tomber de fatigue pour pratiquer, sinon vous allez vous endormir au cours du processus. Il faut privilégier une nuit qui ne suive pas une soirée agitée ou trop arrosée. De même, il convient d'entamer le processus après un repas léger pour ne pas être perturbé par des ennuis digestifs.

Le choix d'une formule

Comme il est important de commencer simplement pour avoir rapidement des résultats, la programmation de départ est réduite.

En fonction de vos objectifs, ou même sans objectif, pour le plaisir, choisissez une formule simple concernant un sujet qui vous touche de près ou qui vous stimule particulièrement.

Employez des formules positives et énoncez-les au présent pour renforcer leur efficacité. Cela peut aller d'un simple « J'ai hâte de m'endormir pour faire un rêve lucide », à, « Je veux rencontrer une créature de rêve » en passant par « Je désire des éléments pour résoudre mon problème de timidité ». Le choix de cette formule est ouvert et dépend de vous. Il est bon que vous éprouviez un réel plaisir à l'idée de faire des rêves lucides.

Vous n'obtiendrez peut-être pas des résultats le premier soir mais certainement dans les jours qui suivront, si vous êtes assidu.

Programmez-vous un rêve spécifique pendant au moins une ou deux semaines pour être assuré d'avoir des résultats. Il est bon aussi de vous répéter votre formule personnelle à plusieurs reprises dans la journée précédant votre « nuit du rêve lucide » pour renforcer la puissance de l'induction. Votre désir aura ainsi le temps d'imprégner votre esprit.

L'enrichissement du scénario

Quand vous arriverez à programmer des éléments simples, essayez d'introduire d'autres données dans vos formules de programmation sans toutefois trop la compliquer. En effet, si votre induction est très complexe, cela ne fera que retarder le processus d'incubation et l'apparition du rêve voulu. N'intégrez pas dans votre désir lucide plus de quatre à cinq éléments (personnages, animaux, végétaux, objets, symboles géométriques...). C'est un grand maximum. De toute façon, n'oubliez pas que votre rêve conservera toujours sa propre autonomie et que le simple désir de souhaiter des scénarios de plus en plus riches sera comblé de lui-même sans avoir besoin de rentrer dans les détails.

Si cela vous aide, écrivez votre formule sur une feuille de papier et agrémentez-la de dessins de votre cru pour renforcer l'induction suivant le fameux principe qu'une image vaut cent mots. Cette forme de programmation est aussi positive. Si vous avez des dons pour la peinture ou le dessin, vous pouvez, toujours suivant le même principe composer une représentation de votre induction qui sera bénéfique.

Le soir venu tant attendu arrive enfin.

Vous vous couchez calmement après vous être relaxé par une bonne quinzaine de minutes de détente profonde simplement en vous focalisant sur le rythme naturel de votre respiration, en laissant les idées défiler, sans les retenir ni les repousser. Vous pouvez aussi pendant ce quart d'heure, tout en suivant votre respiration, répéter votre formule en boucle pour bien vous en imprégner.

Couchez-vous en vous répétant votre formule ou en visualisant votre dessin ou image jusqu'à ce que le sommeil vous gagne. Vous pouvez visualiser les quatre ou cinq actions, personnages ou éléments que vous avez choisis préalablement jusqu'à l'endormissement. Si vous avez programmé de voler, de contempler un paysage magnifique ou de rencontrer telle personne, « regardez-vous » en train de le faire.

La méthode de programmation

Cette première Méthode de Programmation de la Lucidité (MPL) peut être résumée de la façon suivante :

1 – Allongez-vous et pratiquez des exercices de respiration ou de visualisation relaxante de votre corps.

2 – Récitez une formule générale affirmant votre capacité à induire la lucidité comme « Je suis capable de faire des rêves lucides », « Cette nuit je vais accéder à la conscience onirique », « Faire un rêve lucide est facile pour moi »...

3 – Énoncez ensuite le rêve lucide auquel vous voulez arriver ;

4 – Visualisez celui-ci en vous imaginant en train de réaliser les actions décrites. Dans un premier temps, concentrez-vous juste sur vous et un seul autre personnage ou élément de votre rêve. Ensuite vous ajouterez progressivement d'autres éléments à votre scénario.

5 – Répétez les opérations 2-3-4 jusqu'à ce que vous vous endormiez.

Notez que nous utilisons dans la MPL la puissance de l'autosuggestion qui est le meilleur moyen d'accéder rapidement à la lucidité.

L'induction matinale des rêves lucides

C'est l'autre cas le plus courant d'induction de la lucidité. Il demande de se réveiller tôt le matin ou d'avoir du temps libre après le réveil pour utiliser cette technique.

En effet, au réveil, vous devez induire une formule d'induction de la lucidité et, ensuite, replonger dans le sommeil. N'utilisez jamais un réveille-matin mais réveillez-vous naturellement. Comme nous l'avons déjà dit, la période pendant laquelle le rêve lucide se produit le plus facilement est celle du sommeil paradoxal qui peut se reproduire de deux à trois fois sur une nuit de sept à huit heures. Or vous ne pouvez pas savoir, tout au moins au début, quand arrivent ces périodes. Si vous vous réveillez d'une façon artificielle, il se peut que ce soit au milieu d'une phase paradoxale tandis qu'en laissant faire votre propre rythme, si vous vous réveillez naturellement, c'est que vous avez déjà connu vos phases de sommeil paradoxal. Elles sont importantes car vous pouvez utiliser le souvenir des rêves qui se sont produits dans vos phases paradoxales, au moins dans la dernière, pour renforcer l'efficacité de la méthode d'induction ci-dessous.

Nous vous livrons ici la MILD (*Mnemonic Induction of Lucid Dream*) ou Induction mnémonique du rêve lucide, de Stephen LaBerge, un scientifique américain qui est sans doute le plus grand spécialiste actuel du rêve lucide.

1 – Tôt le matin, après vous être réveillé spontanément, tout en restant allongé et sans ouvrir les yeux, repassez-vous votre dernier rêve plusieurs fois jusqu'à ce que vous l'ayez mémorisé.

2 – Puis, en replongeant dans le sommeil, dites-vous : « La prochaine fois que je rêve, je veux me rendre compte que je rêve. »

3 – Ensuite, visualisez-vous dans le rêve que vous venez juste de mémoriser, mais, cette fois, « voyez-vous » en train de réaliser que vous êtes en train de rêver.

4 – Répétez les phases 2 et 3 jusqu'à ce que vous sentiez votre intention fermement ancrée en vous et que vous vous endormiez à nouveau.

Le rêve d'« appui » que vous utilisez ne sera peut-être pas celui que vous ferez en vous rendormant, mais il aidera au déclenchement de la lucidité. Il sera un facteur d'induction. Ensuite, une fois que vous serez dans votre rêve et que vous aurez atteint la lucidité, libre à vous de revivre ce rêve d'appui ou d'inventer un scénario entièrement nouveau.

Escalader ses profondeurs nocturnes

Vous avez maintenant entre les mains deux des plus puissantes méthodes pour induire des rêves lucides.

Pour finir, une petite remarque quant au contrôle des rêves. Beaucoup de gens déclarent qu'une maîtrise totale des rêves empêche l'imagination et la fantaisie attachées à la notion même de rêve de s'exprimer.

En fait, elles ne sont pas du tout absentes dans la lucidité onirique car le rêve est une partition dont vous êtes le chef d'orchestre. Elle se jouera en fonction de votre maîtrise de la technique et de l'expérience acquises. Il faut aussi compter sur l'intervention de l'inconscient. Il nous réserve toujours des surprises et les rêves ne se passeront jamais comme vous l'aviez prévu au départ.

Vous aurez toujours l'intervention de facteurs inattendus qui ne sont pas là pour vous piéger mais pour vous aider à progresser.

L'imagination de l'inconscient ainsi que votre créativité seront un facteur permanent de joie et de diversité. Le rêve lucide est une clé pour explorer vos profondeurs et repousser les limites de votre conscience... s'il y en a.

Faites de beaux rêves !

Chapitre 5

La conscience visionnaire et la voie du diamant

Il est tout à fait possible d'élever son niveau de conscience sans l'aide d'aucune drogue. Le peintre et poète visionnaire William Blake ne buvait que du thé ! Il communiquait directement avec les dieux et les ancêtres, il pouvait accéder au royaume invisible. Le corps humain, et plus particulièrement les neurotransmetteurs du cerveau, sécrète ses propres substances hallucinogènes ou opiacées. Votre état de conscience ne dépend pas nécessairement du nombre de verres, de joints ou de pilules ingurgitées. On connaît l'anecdote du lama tibétain auquel on proposa de prendre du LSD. Il prit l'acide et attendit... À la fin du « voyage » il déclara purement et simplement que tout cela était fort sympathique, mais qu'il n'y avait vraiment pas de quoi en faire toute une histoire car des visions de ce calibre étaient pour lui monnaie courante. Les lamas tibétains travaillent en effet sur les six yogas de Naropa. Ils ont une conception et une expérience vécues du rêve et des différents niveaux de la réalité autrement plus subtile, dense et colorée que celle du citoyen ordinaire. On peut ressentir le besoin, à un moment donné de son parcours, d'explorer les méandres de son propre labyrinthe. On peut user à cet effet de substances naturelles aussi vieilles que le monde (champignons ou cactus : *amanita muscaria* ou boutons de peyotl, herbe, kif ou haschich, datura ou pavot, *ayahuaxa*, psylocibes ou cocaïne). On finit, tôt ou tard, par revenir de tout voyage. Certains en sortent transfigurés, réellement enrichis par les mondes contemplés et le sens dévoilé, tandis que d'autres n'en retiendront qu'enfers vécus et traumatismes. On ne peut jamais prévoir ce qui va arriver. Le pire comme le meilleur peuvent être au rendez-vous. C'est en effet un risque à prendre et ce qui était encore possible dans les années 60 et 70, la grande période « psychédélique », n'est plus de mise à notre époque. Le climat social et les rapports humains se sont considérablement endurcis, sur toute la planète, depuis ces vingt dernières années. Aussi est-il préférable d'attendre des jours meilleurs (un éventuel Âge d'Or ?) pour entreprendre positivement l'exploration des profondeurs. Une certaine dose d'inconscience et un courage à toute épreuve dans ce domaine sont demandés. Après tout, la plus horrible hallucination qui soit n'est-elle pas celle des temps modernes, de ces temps tristes et inhumains ? En allant jusqu'au bout d'un certain nihilisme, en portant *lucidement* un regard pessimiste sur les tares et les tics d'un système vacillant, on ne fait qu'effleurer la souffrance de ce monde. Il faut aller encore plus loin, se jeter dans le vide comme le fit Gautama, pour enfin rire et espérer, pour croire enfin et tout donner.

L'invisible énergie et la sagesse originelle

La générosité, la compassion et l'attention sont le fait bien souvent d'individus qui ont compris l'inéluctable « férocité » d'être incarné dans ce bas monde. La traversée des enfers se vit à chaque instant dans le monde quotidien. Notre histoire personnelle n'est qu'un éternel retour. D'ailleurs, le « je » existe-t-il ? N'y a-t-il pas un Grand Esprit qui supervise toutes nos actions ? C'est en sachant que l'on n'est rien – ou si peu de chose ! – qu'on commence à comprendre le partage et le don. L'Essénien l'enseignait : « Redevenez comme des petits enfants ! » L'innocence est la clé d'un éveil sanctifié. Celui qui EST peut tout donner. Il peut transmettre ses connaissances, soigner les autres et les aimer. Autrement, quel serait le sens de notre venue sur cette Terre ? On a le droit d'être orgueilleux, d'être conscient de son génie, de son talent ou de ses multiples qualités, mais tout cela est bien peu de chose devant l'urgence d'aider les autres, de regarder ses frères humains comme les facettes d'un même diamant.

Notre énergie est invisible. Elle coule de source, comme un ruisseau, dans notre corps d'être vivant. L'énergie ne possède pas de couleur particulière. Elle est même transparente comme une eau de diamant, un reflet silencieux, présence d'un ciel dans notre corps, d'un espace vide dans notre cœur. En cela, les adeptes du tantrisme Shingon et du bouddhisme tibétain ont vu juste. Chaque être humain, potentiellement, est un diamant, un Bouddha incarné dans un corps et une âme. Hélas, les voiles nous masquent la vérité. Nous passons la plus grande partie de notre existence dans un égoïsme satisfait, entourés de désirs illusoires et de chimères inconsistantes. Secouons-nous ! Réveillons-nous ! Que veut dire s'éveiller ? C'est avant tout se réveiller, s'extirper du sommeil, changer d'état et voir le jour. Nous y aident les symboles et les vrais instructeurs. Au fait, à quoi reconnaît-on un être réalisé ? Est-il si différent de chacun ? On ne peut pas répondre à une interrogation si essentielle dans un simple livre. Un conseil, cependant : consultez les ouvrages qui traitent de sages réalisés. Il y en a eu un certain nombre (heureusement !) à notre époque. Observez leur visage. On trouve de belles photographies qui représentent ces éveillés. Concentrez-vous sur le regard, sur la lumière qui en émane. Cet exercice est suffisant. Aucune parole ne remplacera la perception de ces visages. Dans les yeux tout est dit. Qu'il soit un moine du mont Athos ou un derviche d'Afghanistan, un *tulkou* tibétain ou un sage africain, sa présence est en soi un discours suffisant. Ce phénomène se situe au-delà d'une manifestation vibratoire. Un lieu existe en vérité où nous pouvons goûter la Source. Une sagesse originelle a de tous temps aidé les êtres. Encore faut-il la mériter et s'engager sur ce chemin. La route est longue et exténuante mais le trésor est déjà là, dans ce désir de dépassement qui nous fait vivre et espérer.

Chapitre 6

Les chevaliers de l'éternel retour

Notre énergie vitale ne cesse d'influencer les moindres détails de la vie quotidienne. On ne peut séparer l'action de la contemplation. L'être n'est pas seulement ce qu'il fait, mais ce qu'il pense, ce qu'il ressent au plus profond.

La perception de l'instant juste est fondamentale. Peut-on vraiment saisir l'instant ?

Le temps présent n'existe pas puisque tout change en permanence et que le temps à la limite n'est rien d'autre qu'une convention mentale.

Même si le temps est illusoire, comme se plaisent à dire certains maîtres orientaux, la présence à soi-même plus que jamais est nécessaire.

La physique quantique et la neurobiologie ont profondément remis en question les théories traditionnelles sur la relativité de l'espace et du temps.

Le jeu du monde est en soi-même. L'univers danse dans la conscience.

Concevoir l'infini peut donner le vertige. Une façon naturelle d'intégrer ces données, d'appréhender cette expérience, est de voir une fleur, de poser son esprit. On se dédouble très rapidement. Je suis la fleur que je regarde, qui se regarde se regarder.

L'être et la fleur sont identiques.

L'acte de voir n'appartient à personne en particulier. Ce qui regarde c'est l'univers, cette Énergie universelle intemporelle et infinie.

La méditation naturelle permet à l'être d'utiliser le meilleur potentiel de cette sainte énergie.

Sainte et sacrée en vérité, car tout chamane qui se respecte, tout guérisseur digne de ce nom ne peut rien faire que s'incliner devant cette Force qui nous dépasse.

La volonté et le « travail », l'attention à soi-même et l'observance des lois divines peuvent nous aider à faire le vide en purifiant le miroir noir.

Notre conscience individuelle est en effet un miroir sombre où les reflets jouent à cache-cache dans une ambiance de film glauque.

Conquérir le présent, maîtriser l'instant juste, vont permettre au chercheur d'effacer son ego. Ce qui brille n'est pas OR. L'authentique alchimie est une voie douloureuse.

L'ego n'est jamais complètement effacé. Il n'est qu'un masque porteur de vide, pathétique sortilège d'une fragile illusion.

L'ego existe mais il n'est pas. Alors que l'être n'existe pas. L'être est là, simplement, et n'a rien à prouver.

Rencontrer ce sommet de l'éveil absolu, cet être vrai et indicible, c'est bien là l'objectif des Compagnons sur le sentier, sur la voie droite et rigoureuse de l'équilibre et de la force.

« L'instant, lorsqu'il est vécu dans la moelle de son intensité, est une lucidité de bonheur. Et cette lucidité devient le pivot de Tout. Elle affine l'être, le rend sensible à la moindre poussière de lumière. » (Mario Mercier)

Le temps n'est rien ou si peu de chose. En même temps, sans craindre la contradiction, le temps est tout, il est immense. C'est en général entre ces deux lieux communs que naviguent les discussions concernant le temps.

Affirmer à la fois que le temps n'est rien (pure vacuité) et qu'il est tout (l'essence du monde), c'est assurément faire œuvre de paradoxe. Le jeu des paradoxes est justement devenu de plus en plus familier aux physiciens contemporains qui s'interrogent *ad æternam* sur les mystères de la mécanique quantique.

De Schrödinger à Basarab Nicolescu ou Rupert Sheldrake, la science moderne n'est pas avare de recherches

– et parfois de découvertes – extrêmement passionnantes sur la relativité du temps, de l'espace, de la matière et... de la Vie.

En ce qui nous concerne, à savoir l'utilisation pratique et quotidienne des méthodes pouvant permettre d'accéder à l'extase, il nous faut interroger le temps (la météo de l'être !), sa conception la plus profonde, et tenter de le vivre, dans chacune de nos cellules, afin de nous libérer *définitivement* du stade primaire des apparences.

La perception consciente du temps

La perception du temps est différente pour chacun. La mort est l'aiguillon de la vie. Sentir le souffle chaud de la mort nous donne des ailes, nous encourage. Nous n'apprécions que plus vivement les moindres instants de l'existence. Nous décidons en toute conscience d'aller tout droit à l'essentiel. Nous n'avons plus de temps à perdre.

Ainsi, vivre pleinement sa vie en pensant consciemment et sereinement à l'issue inéluctable fait que le temps que nous vivons gagne en intensité et en qualité. La conscience de la mort fait passer l'être humain du règne de la quantité à celui de la qualité. On ne vit plus pour amasser, pour spéculer, thésauriser, mais on donne de soi-même, on se détache des possessions, on prend plus de temps aussi à écouter les autres. La conception du temps est liée à la capacité que peut avoir chacun(e) de dépasser/transcender son égoïsme.

Le don permet d'oublier le temps. Ou plutôt, la compassion, le don de soi, le véritable altruisme immortalisent en quelque sorte celui qui vit cette charité, ce sacrifice et cette offrande.

Si nous prenons un exemple bien connu, celui de mère Teresa, cette femme remarquable qui se dépense *sans compter* pour les pauvres et les malades dans le mouroir de Calcutta, il est bien évident que cette personne « oublie » son âge. De même, l'abbé Pierre ou Théodore Monod. La passion (pour les autres, pour un art ou une science) fait que l'être vit dans un temps indéfini.

L'important, ce n'est pas de vivre longtemps et de battre des records de longévité, mais de vivre pleinement, de s'épanouir dans son travail, dans sa vie familiale et sociale. Ce guide pratique doit vous aider à réaliser ces projets. Avant que de songer à l'extase, au *satori* ou à l'éveil, il serait peut-être souhaitable de commencer ici et maintenant, dans les plus petites choses du quotidien. Rome ne s'est pas bâtie en un jour. Une vie sereine et positive s'établit avant tout sur des bases solides. De toute façon, les états ultimes de l'être ne donnent aucun avertissement. Ils surgissent généralement sans crier gare ! C'est bien souvent alors qu'on s'y attend le moins qu'un événement décisif intervient dans notre vie. Le peintre catalan Pablo Picasso disait souvent ceci : « Je ne cherche pas... je trouve ! »

Souvenons-nous de cette maxime. Vivons l'instant du mieux possible. Préparons-nous à la rencontre avec la force de l'indicible.

Le détachement inéluctable

Le temps sécrète son existence, son potentiel d'actes héroïques. Car le temps est un être, un dieu limpide et transparent qui fait partie de l'être humain et du monde des pensées éphémères et fragiles. Il appartient à la conscience de décider le temps qu'il EST. Vivre ici et maintenant, selon la formule consacrée, n'est pas à la portée de tout le monde. On aborde les rivages d'une pensée radicale. Qu'elle se nomme *Tch'an, Tao* ou *Zen*, cette vision non dualiste dépasse les cadres et les contraintes. Car trop de gens meurent à la tâche. À force de vouloir gagner sa vie on la perd et la civilisation obsédante du profit a toujours fait plus de mal que de bien. C'est dans cette perspective d'un détachement radical de l'illusion économique (et de la mort spirituelle accompagnant toute idée erronée du progrès) que le philosophe américain Henri-David Thoreau décida, dans la seconde partie du XIXe siècle, de vivre deux ans dans la forêt, dans une cabane au fond des bois. *Walden ou la vie dans les bois* est un texte remarquable de sagesse et de force, et de sereine lucidité, quasi taoïste dans le fond et la forme.

Cent ans plus tard, le philosophe anglo-américain et bouddhiste Alan Watts ainsi que le poète zen et garde forestier Gary Snyder surent prolonger cette révolte résolument empreinte de sagesse.

Chapitre 7

La voie du jeu

Dans beaucoup de sociétés occidentales, le jeu est souvent considéré comme une activité futile ou une perte de temps, voire comme une preuve de manque de sérieux. On qualifie fréquemment les personnes qui jouent de « grands enfants ». On admet à la limite que des enfants puissent s'amuser mais, lorsqu'ils persistent en grandissant à jouer et continuent dans cette voie jusqu'à un âge très avancé, on se dit qu'on ne peut vraiment pas leur faire confiance et qu'ils ne sont jamais sortis de l'enfance ou y sont retombés.

En effet, on nous apprend très tôt qu'en se développant un être humain doit devenir sérieux et sage, ce qui semble exclure cette occupation, jugée enfantine par excellence, qu'est le jeu. Pourtant, si les humains continuent à jouer, tout au long de leur vie, c'est sans doute par besoin de divertissement, mais également pour se réaliser intérieurement.

Dans la nature, l'être humain n'est d'ailleurs pas le seul à jouer. Les animaux jouent eux aussi d'instinct, la plupart lorsqu'ils sont petits, mais certaines espèces parmi les plus évoluées continuent à jouer lorsqu'elles ont atteint l'âge adulte. Un des exemples les plus proches de nous est bien entendu le chien qui, bien qu'ayant fini sa croissance, continue à s'amuser avec ses congénères ou avec son maître, avec un enthousiasme sans cesse renouvelé.

Parmi les sociétés animales que les scientifiques ont pu étudier dans de bonnes conditions, les dauphins sont sans doute le cas le plus intéressant de société ludique. C'est en Floride que des chercheurs ont eu l'occasion d'observer plusieurs populations de dauphins en liberté, et ont constaté que le jeu est une des bases de la communication non seulement entre les dauphins mais également entre les hommes et ces autres mammifères. En effet, la facilité à communiquer de nos deux espèces vient sans doute du fait que nous appartenons tous deux à cette même classification biologique car le dauphin, comme nous, est un animal à sang chaud et non pas un poisson. Pour pouvoir approcher ces « cousins » en liberté et se faire accepter par eux, les plongeurs de l'équipe de recherche ont tout simplement joué avec eux. Ils se sont prêtés aux jeux aquatiques de ces superbes animaux et sont parvenus à vivre avec. Ils sont d'ailleurs arrivés à la conclusion que le jeu est un des piliers du comportement social des dauphins. Ils jouent pour communiquer, se connaître, trouver un partenaire à la saison des amours, élever leurs petits... Le jeu est nécessaire à la vie d'un dauphin qui, s'il ne joue pas est soit malade soit en train de se défendre contre un prédateur. Sans doute est-ce pour cette raison que certaines légendes polynésiennes racontent que les dauphins sont des hommes sages ayant compris la réalité de notre monde et qui sont partis un jour à la nage pour pouvoir jouer dans les flots toute leur vie.

Ces dernières années, un engouement évident s'est développé pour toutes sortes de jeux... à enjeu financier ! Ce type de distraction rémunérée n'est pas traité dans ce chapitre car il ne peut en rien participer au développement de la personnalité. Tout ce qu'il peut développer, c'est l'appât du gain et nos tendances négatives : l'envie, la jalousie, la colère, l'irritation de perdre, le mensonge pour trouver de l'argent... qui ne peuvent entraîner que déstabilisation de la structure psychique, destruction de la famille, ruine, dilapidation de ses biens et de ceux que l'on est censé protéger, ruine et parfois mort.

Il existe d'ailleurs certaines structures médicales spécialisées dans le traitement des joueurs compulsifs qui n'arrivent pas à s'arrêter. Bien sûr, pour ces personnes, le jeu est une passion, un véritable besoin de compétition maladive. Les motivations des joueurs de *poker* ou de *black-jack* sont très claires : le gain et le risque qui forment une drogue puissante dont certains sont réellement dépendants.

Certains médecins ont ainsi démontré que l'excitation provoquée par le danger de « tout perdre sur un coup de dé » déclenche dans le cerveau la production d'une hormone dont de nombreux joueurs ne peuvent se passer. Comme dans tous les domaines, l'excès et un manque de contrôle de soi mènent à des effets pernicieux pour soi-même et pour son entourage. Le jeu à stimulation pécuniaire n'a jamais fait autre chose que renforcer les tendances morbides de l'individu, le conduisant parfois à la destruction de sa propre vie.

Jeu et Je

Il est temps de redonner au jeu ses véritables lettres de noblesse en bannissant lors de son utilisation toute sollicitation ou récompense financières. En effet, le jeu dont l'enjeu est le « je » peut être considéré comme une authentique technique d'élévation de conscience.

Que vous y jouiez à plusieurs, à deux ou seul, le jeu tire sa valeur de sa faculté à vous mettre face à vous-même, à vous faire mieux connaître vos tendances négatives et positives et à avoir un regard plus vrai sur le monde. Il est alors véritablement un moyen de s'amuser, de développer ses connaissances et tout simplement de se retrouver entre amis. Facile d'accès, le jeu peut devenir pour beaucoup d'entre nous une voie d'enrichissement spirituel.

Rappelons que beaucoup de thérapies font appel au jeu comme méthode thérapeutique. Il en est ainsi de la *Gestalt*-thérapie dans laquelle les personnes jouent, en se servant des techniques du psychodrame, des aspects de leur personnalité, les personnages et les situations rencontrés dans leurs rêves. Chacun devient ainsi acteur de sa propre vie dans des séances qui se pratiquent en groupe.

Il y a une mise en scène des éléments du rêve. Chaque participant va jouer ou mimer devant tout le monde une situation particulière ou un trait de son caractère qu'il veut transformer. Comme souvent, les éléments qui nous apparaissent dans le rêve sont d'ordre symbolique.

Le « joueur » peut aussi bien reproduire le comportement d'un être humain, d'un animal, d'un végétal ou d'un objet. Il peut être aussi bien un monstre, une plante ou un renard. Il en reproduit alors les caractéristiques. Des objets servent aussi de défouloir aux participants qui soit les lacèrent et se déchaînent sur eux, soit les protègent et se blottissent contre eux. L'« acteur » en arrive ainsi, avec l'aide du thérapeute, à identifier les principales tendances qui s'affrontent en lui, à surmonter ses peurs, à accepter ses tendances intérieures parfois antagonistes. Il reprend peu à peu le contrôle de lui-même, retrouve son assurance et l'envie de progresser. La personne arrive ainsi à l'épanouissement de sa personnalité et à élever son niveau de conscience.

L'éveil ludique des sens

Cela n'a d'ailleurs rien de nouveau, puisque, depuis des millénaires, l'homme joue naturellement dès sa naissance et a régulièrement cherché à utiliser le jeu au-delà du simple amusement. L'enfance est ce moment privilégié où notre esprit se construit doucement au fil de notre éducation et de notre découverte de la vie et du monde. Quel meilleur moyen pour apprendre quelque chose à un enfant que de lui proposer un jeu ? Le succès des jeux éducatifs s'explique quand on regarde un bambin jouer avec des cubes. Il s'amuse et, en même temps, il apprend à reconnaître les formes géométriques et les couleurs. Les enfants n'ont d'ailleurs pas besoin de jeux sophistiqués pour apprendre. Des éléments très simples comme une boîte, une branche, un vieux chapeau leur suffisent. Leur imagination fait le reste.

Leur curiosité les amène à chercher en eux-mêmes ou à l'extérieur ce qui va leur permettre de jouer. De leur imagination émergent des histoires originales, ils jouent des rôles (qui n'a jamais joué dans son enfance : aux gendarmes et aux voleurs, au docteur ou au papa et à la maman ?). Ils se construisent un univers où le jeu est roi, puisque, à tout moment, ils sont capables de dire « c'est pas du jeu » à un congénère qui n'a pas respecté les règles. Le jeu est pour eux un moyen de communication qui dépasse le langage, la culture ou la nationalité. Mettez ensemble des enfants d'origines très différentes et vous constaterez qu'ils joueront sans problème, s'amusant des mêmes choses, s'émerveillant de la même manière. Ils n'ont pas besoin de mots pour se comprendre et se lancer dans un élan qui nous étonnera toujours à la poursuite de leurs chimères.

Nos sociétés modernes ont, d'ailleurs depuis de nombreuses années déjà, reconnu la vertu du jeu dans les systèmes éducatifs ; la plus grande part du temps que nos enfants passent à l'école maternelle est consacrée à l'apprentissage par le jeu. Ils y apprennent ainsi à vivre ensemble, à participer à un ouvrage collectif, à utiliser leurs capacités intellectuelles et manuelles, à se concentrer, bref, à découvrir l'univers qui les entoure. Sans doute les enfants peuvent-ils nous apprendre par le jeu à ne plus avoir peur du ridicule et à regagner cette part de spontanéité et d'innocence qui fait de leur vie une découverte de chaque instant.

Il est d'ailleurs prouvé scientifiquement que le système nerveux continue à se développer bien après la naissance d'un enfant. Son extension finale ne s'arrête qu'au bout de quelques mois après son arrivée dans ce monde et son développement dépend complètement des activités d'éveil que le bébé aura pratiquées. S'il est laissé dans son coin, si vous ne vous occupez pas de lui ou si vous le postez devant la télévision, il ne développera pas vraiment ses facultés. Son système nerveux n'aura qu'une faible extension.

En revanche, si vous l'occupez activement, en particulier par des jeux d'éveil, ses connexions neuronales se développeront et, au moment où le système nerveux acquerra sa structure définitive, au niveau cérébral et corporel, sera mis en place tout un réseau actif qui lui permettra de capter son environnement physique et psychologique d'une façon plus affûtée. En clair, il entendra mieux, il verra mieux, il sentira plus de choses, il aura un goût plus développé, il comprendra mieux ce qu'il devra apprendre et il assimilera plus facilement les idées nouvelles. Bref, il sera plus brillant que celui ou celle qui n'aura pas été stimulé principalement par des activités ludiques. Chez l'adulte, le jeu désintéressé permet de réveiller les capacités endormies, de stimuler les fonctions cérébrales en lui permettant d'effectuer une véritable « gymnastique » de l'esprit qui le fera vieillir moins vite.

L'initiation par le jeu

Depuis la plus haute Antiquité, le jeu a été l'un des principaux moyens que l'homme a utilisés pour atteindre un niveau supérieur dans l'existence. Les peuplades les plus primitives, lorsqu'elles pouvaient se le permettre, se libéraient de l'asservissement aux nécessités de la survie en jouant. Les Inuits, une tribu d'Esquimaux aujourd'hui en grande partie disparue à cause des méfaits de la civilisation occidentale, ont été obligés pour survivre de s'adapter à des conditions incroyables : températures rarement au-dessus de zéro, conditions d'habitat précaires et rudes, ressources alimentaires limitées au poisson et au phoque. Leur vie était donc entièrement consacrée à la chasse et à l'éducation pratique des enfants pour assurer la pérennité de leur peuple. Et pourtant, lorsque ces conditions étaient remplies, le soir, leur seule activité se résumait à jouer entre eux. Le jeu représentait des instants où tout le monde était réuni en paix après une journée de lutte contre les éléments ; divertissement, détente et contact humain à la fois, il est souvent dans beaucoup de traditions le seul moyen de s'élever au-delà du matérialisme quotidien.

En Occident, l'évolution technique nous a permis au cours des âges de nous assurer un confort minimal laissant à notre esprit toute latitude pour se développer. Et le jeu a souvent représenté un certain degré de sophistication, d'élévation par rapport à des contingences matérielles indispensables à la vie. Des quelques connaissances que nous pouvons avoir sur le savoir spirituel des anciens Celtes et dont il est question en particulier dans *Bretagne terre sacrée* de Gwenc'hlan Le Scouëzec (Beltan), il apparaît que le haut degré d'initiation des druides est né lentement d'une puissante tradition orale alliée à un apprentissage par le jeu.

Un exemple simple et proche de nous : qui d'entre nous n'a jamais joué avec le feu ? Cette question a deux niveaux, c'est vrai. Mais prenons l'aspect concret : jouer avec une flamme. Nous avons tous été prévenus que le feu brûlait. Et tous, un jour ou l'autre, l'avons expérimenté. Seulement, par jeu, nous avons découvert plus ou moins vite que le feu s'apprivoise. Que l'on peut jouer avec une flamme sans se brûler. C'est entre autres par ce genre de jeu, cette victoire sur sa propre peur, que les druides atteignaient une haute conscience de la nature de notre univers.

Un chemin de dignité

« Les échecs sont une bonne image de la lutte pour la vie. Une menace, teintée de malveillance, se met à planer quand les symboles guerriers s'affrontent dans un silence électrique. Les pièces noires et blanches semblent représenter une opposition manichéenne entre l'ombre et la lumière, le bien et le mal, au plus profond de l'âme humaine. L'objet du jeu est en lui-même une lutte, une bataille mentale pour le contrôle des pièces, du territoire et, finalement, de soi. C'est un combat d'une infinie complexité contre les limites de notre esprit », déclare Gary Kasparov, le champion international d'échecs, dans son livre *Et le fou devint roi* (Albin Michel).

Comme l'exprime si bien Kasparov, le jeu permet à notre esprit de dépasser ses propres limites, puisque cela est possible. Les échecs sont très répandus en Occident. C'est un jeu qui illustre bien l'évolution de la conscience. Au départ, il y a un affrontement entre deux personnes, deux camps, les Blancs et les Noirs. C'est donc un jeu guerrier, puisque le but est de battre son adversaire, au moyen de règles rigides et d'une stratégie qui se doit d'anticiper, de prévoir tous les coups possibles. Les joueurs d'échecs chevronnés vous diront que c'est pour eux un moyen pacifique de laisser libre cours à leurs instincts belliqueux, de transformer cette énergie primitive par l'esprit, la bataille contre l'autre n'étant finalement qu'une lutte contre ses propres limitations.

Gary Kasparov, issu d'une famille pauvre, a eu la chance d'apprendre très tôt à jouer aux échecs. Et c'est grâce aux échecs qu'au fil des années il est parvenu à un très haut niveau. Qui ne le connaît pas au moins de nom ? Mais, outre la célébrité, sa position de champion du monde lui permet surtout, désormais, d'exprimer sa pensée profonde en public, de nous faire partager ce qu'il a appris, d'être écouté et reconnu pour ce qu'il est : un homme profondément concerné par toutes les luttes contre l'injustice. Bien sûr, il ne s'agit pas ici de devenir champion de quelque jeu que ce soit. L'intérêt des échecs réside d'abord dans la concentration.

Savoir rester attentif et concentré pendant une longue période peut devenir un enseignement précieux tout au long d'une vie. Ainsi se laisse-t-on moins facilement distraire lorsque l'on doit mener à bien une tâche délicate. La concentration facilite l'accumulation des connaissances, rend possible le travail sur soi-même. Savoir faire le vide dans sa tête, ne pas se laisser distraire, être bien calme et se préparer soi-même à ce que nous allons affronter est un exercice simple qui garantit la plupart du temps la réussite de notre action.

Certains arts martiaux en sont un exemple frappant. Le *kung-fu* par exemple est à la base un jeu qui consiste à imiter les animaux pour acquérir des capacités dont les plus évidentes sont la souplesse, la rapidité dans l'art du combat. Cela pour le physique, mais c'est avant tout une prise de conscience progressive qui nous amène à mieux nous connaître et à maîtriser notre esprit et notre corps.

Les Grecs avec leurs jeux Olympiques ne faisaient rien d'autre que rendre un hommage esthétique, athlétique et intellectuel aux dieux qu'ils révéraient. Car les participants aux olympiades n'étaient pas seulement de splendides athlètes, ils se devaient d'être également cultivés, de connaître les grandes idées de leur époque, d'étudier la philosophie. Ainsi pour honorer les dieux de l'Olympe s'affrontaient-ils, lors des Jeux, dans un esprit authentiquement sportif.

Avant de devenir cette gigantesque foire commerciale à l'échelle mondiale qu'ils sont devenus, sous leur forme actuelle, les jeux Olympiques étaient un véritable chemin de dignité, de développement personnel et d'ennoblissement de ce que l'homme a de meilleur en lui : la joie, le partage, le courage, l'expérience de ses limites, la communication, la paix. Il n'est pas certain que le baron de Coubertin, restaurateur au début du siècle des olympiades grecques, cautionnerait les jeux actuels dont l'enjeu est plus largement financier et politique que sportif ou simplement humain. Sa devise était « Plus loin, plus haut, plus fort », à laquelle les commerçants qui ont pris ce juteux domaine en main ont rajouté « Plus d'argent ».

Trouvez son je(u)

Il est évident que nos jeux actuels ont évolué considérablement vers une plus grande utilisation de notre esprit. Essayer de bien comprendre et de maîtriser un jeu est déjà un travail amusant qui ouvre une foule de possibilités. Ne serait-ce qu'en observant la façon de jouer de vos amis autour d'une table. On peut de cette manière accumuler pas mal de techniques ou de stratégies pour les réutiliser, mais également comprendre pourquoi untel joue de cette manière précise et ainsi le connaître mieux. Le fait que beaucoup de nos jeux soient basés sur le hasard ne doit pas nous rebuter. Le hasard n'est finalement qu'un adversaire imprévisible.

Sans aller chercher des jeux compliqués ou très éloignés de notre culture, nous pouvons tous tirer un plus grand profit des jeux que nous connaissons bien. Ainsi, le *Trivial Pursuit* nous offre la possibilité de nous cultiver en nous amusant. Les questions de ce jeu portent sur un nombre de sujets innombrables et nous en apprenons toujours plus. Nous faisons fonctionner notre mémoire, nous découvrons ou redécouvrons des points obscurs d'histoire, de géographie, de culture, de sciences naturelles... Nous sortons donc du jeu sans avoir eu l'impression de faire des efforts immenses, mais un peu plus cultivés qu'au départ.

Certaines sociétés pratiquent le jeu à un niveau qui nous est encore inconnu. Le jeu de Go, énormément pratiqué au Japon, est une forme d'art, d'accomplissement personnel total. Ce jeu est récemment parvenu en France et il compte de plus en plus d'adeptes. Deux adversaires s'y affrontent sur un territoire représenté par une grande grille, chacun possédant des pions (appelés des *pierres*) ; l'un, des blancs, l'autre, des noirs. Les règles sont très simples et faciles à apprendre. Il s'agit de poser ses pièces sur la grille de façon à contrôler un maximum de terrain par rapport à son adversaire et si possible à le piéger.

La stratégie qui découle de ce jeu est par contre extrêmement étendue. Le Go inclut une discipline personnelle, une capacité d'abstraction et le développement d'une stratégie que nous ne connaissons pas en Occident. Au Japon, ce jeu est un aboutissement humain et spirituel. C'est également une question d'honneur. Pour illustrer la complexité du Go, il suffit peut-être de savoir qu'il n'existe, à l'heure actuelle, aucun ordinateur capable de jouer au Go à l'égal de l'être humain, alors que les échecs ont déjà été étudiés et programmés depuis longtemps. Et pour la première fois dans l'histoire, ces programmes d'échecs sur informatique sont parvenus à battre les plus grands champions, Kasparov inclus. Rien de tel avec le Go. Que les grands maîtres japonais continuent leur chemin vers une conscience supérieure en paix, le jeu de Go en lui-même est une évolution de l'esprit qu'aucun ordinateur ne peut atteindre pour l'instant.

Le meilleur exemple du jeu pour le jeu nous est fourni par le livre de l'écrivain japonais Yasunari Kawabata : *Le Maître ou le tournoi de Go*. Cet ouvrage raconte l'histoire d'un maître qui a acquis la maîtrise pour en faire un formidable outil de développement personnel, de compréhension de la réalité et de la subjectivité de celle-ci. Il est devenu le jeu lui-même, il incarne la forme matérielle de celui-ci dans son essence. Il a atteint l'éveil spirituel par l'intermédiaire d'un jeu !

Cela nous ouvre de formidables perspectives dans notre vie quotidienne à condition d'aller jusqu'au bout de nous-même pour notre bien et celui de tous les êtres.

Il y a certainement un jeu qui vous correspond. À vous de le découvrir, de l'étudier et de l'expérimenter jusqu'à la réalisation suprême.

Les jeux de rôles

Une activité ludique en particulier a connu un essor foudroyant ces derniers temps : il s'agit du jeu de rôles. Il a ses revues spécialisées, ses clubs de joueurs acharnés et il développe un état d'esprit particulier. Il peut se jouer entre amis autour d'une table ou grandeur nature.

Dans le premier cas, les joueurs se réunissent entre eux et définissent, avec un maître de jeu, l'action et les caractères des différents personnages et qui va les jouer. Le maître de jeu lance ensuite le scénario défini et introduit successivement les personnages qui sont donc amenés à jouer un rôle précis. Cela demande de s'investir complètement dans son personnage et d'être à même de réagir avec promptitude aux événements qui se présentent pour arriver à la fin du jeu toujours « vivant ». Ce qui demande de passer toutes les épreuves qui se présentent avec succès.

Le jeu de rôles grandeur nature reprend le même principe mais, dans ce cas, il se déroule dans un lieu correspondant à l'action. Par exemple, dans une forêt, s'il s'agit de jeux s'inspirant de la chevalerie ou des mythes. Là, les partenaires (nous l'employons de préférence au mot « adversaires » qui induit plutôt une volonté belliqueuse et de rivalité) sont habillés en fonction du scénario. Dans le jeu *Donjon et dragons* : en chevalier, sorcière, roi, fée...

Les séances peuvent durer plusieurs jours, et, de préférence, plusieurs nuits, tout au moins en ce qui concerne la version en intérieur, pour renforcer le caractère mystérieux du jeu, car la nuit les énergies naturelles qui se manifestent sont différentes de celles du jour. Nous ajoutons, à la liste des jeux sans enjeu, le jeu d'acteur auquel le jeu de rôles s'apparente par de nombreux côtés.

En effet, dans les deux cas, même si, surtout dans les jeux de rôles, les caractéristiques des personnages sont distribuées au « hasard » parmi les joueurs, on s'aperçoit très vite que ce « hasard » fait bien les choses, et qu'il attribue à chacun ce qu'il lui convient de jouer à ce moment-là même si parfois, au premier abord, le joueur est décontenancé par le caractère qui lui est prêté car il se demande comment il va le jouer. Il peut même se révolter contre le rôle qu' « on » lui attribue, mais il doit l'accepter sinon il ne respecte pas les règles du « je ». S'il n'accepte pas les caractéristiques de son rôle, cela veut dire qu'elles correspondent à sa part d'ombre qu'il refuse, à ce qu'il doit travailler pour progresser.

On retrouve la même attitude dans la pratique d'une voie spirituelle. Il arrive que des pratiquants s'insurgent violemment, intérieurement ou extérieurement, contre leur maître, l'enseignement ou leurs condisciples car la présence des uns ou des autres fait remonter à la surface des parties de nous que nous avions refoulées ou refusées mais qu'il nous faut aborder courageusement un jour ou l'autre pour évoluer.

Le jeu est dans ce cas-là le doigt qui montre la lune et non pas la lune. Alors, quelle que soit votre composition, jetez-vous-y corps, âme et esprit car elle vous correspond totalement même si parfois, a priori, votre personnage vous semble antipathique. Il peut être en effet fourbe, cruel, paresseux, coléreux, naïf, intolérant, disgracieux, bestial... mais, si vous prenez la peine de l'examiner paisiblement, d'une façon détendue, si besoin est, après quelques respirations profondes pour vous apaiser, vous découvrirez que ces tendances à l'évidence peu avenantes vous correspondent en grande partie, ou expriment au moins l'aspect de vous-même que vous vous efforcez de cacher aux autres ou à vous-même.

Ne vous arrive-t-il pas d'être, parfois ou souvent, fourbe, cruel, paresseux, coléreux, naïf, intolérant, disgracieux, bestial... en paroles, en esprit ou en actes ? Alors jetez-vous dans votre personnage car il vous permettra d'exorciser votre part d'ombre, de faire sauter des blocages qui vous empêchent de progresser et de vous élever.

Il y a bien sûr des limites aussi bien au jeu d'acteur que de rôle. Il est évidemment interdit de blesser l'autre corporellement, psychologiquement ou spirituellement. Il n'est pas question de l'abaisser mais de le faire progresser tout en progressant vous-même dans cette véritable psychanalyse ludique. Il ne faut pas oublier avant tout que c'est un jeu. Là se trouve la différence entre la vie quotidienne et l'activité ludique. Il faut bien garder en tête cette différence fondamentale.

Équilibrer nos pôles masculin et féminin

Un autre avantage du jeu est qu'il permet d'équilibrer les parties féminine ou masculine que nous possédons tous en nous. En effet, il arrive que des hommes soient amenés à jouer des rôles de femmes, et inversement. Là non plus, pas de révolte inutile. Le « hasard » a fait que vous deviez, à ce moment-là, exprimer l'aspect féminin de votre personnalité : douceur, intuition, compassion, passion... pour un homme, et l'aspect masculin de votre être : rigueur, logique, calcul, protection... pour une femme.

Il n'y a aucune perversité dans cette danse cosmique de rééquilibrage des énergies, mais simplement une (re) synchronisation indispensable pour que vous puissiez progresser dans votre cheminement spirituel. Dans ces circonstances, jouez votre rôle à fond car vous n'avez et vous n'aurez peut-être pas l'occasion dans votre vie quotidienne, en travaillant sur cet aspect de votre personnalité, de l'accepter, de l'alchimiser et de l'intégrer pour en faire un facteur de progression intérieure.

Dans le cadre du jeu, vous pouvez vous donner pleinement à votre rôle sans craindre la censure car c'est justement ce que l'on vous demande, cela fait partie des règles ludiques. Vous franchirez alors des étapes d'expansion de conscience, le monde vous apparaîtra chaque jour un peu plus comme il est et non pas comme vous l'imaginez. Faites comme le maître de Go, dépassez la technique, devenez vous-même le je pour le jeu. Faites sauter vos barrières mentales et « illimitez-vous ».

Maintenant, à vous de jouer !

Chapitre 8

L'énergothérapie et le yoga druidique (exercices pratiques de visualisation)

L'énergothérapie est un ensemble de méthodes équilibrant le corps et l'esprit. Elle a d'autant plus d'efficacité que celui qui l'emploie travaille lui-même sur sa conscience, son mode de vie et son éthique. Les résultats seront toujours fonction de ce que vous aurez investi. C'est un long processus de conscientisation, mais « le jeu en vaut la chandelle » (cette expression populaire possède de remarquables connotations alchimiques !) et le soleil viendra bientôt illuminer le paysage.

Détendez votre corps, votre esprit, votre attention. Allongez-vous quelques instants et méditez sur votre vie. Ressentez le souffle de votre respiration circuler dans votre cage thoracique. Imaginez que ce souffle traverse la moindre particule de votre être. Votre esprit flotte, libre et paisible. Pratiquez tranquillement le sourire intérieur. Unissez ce sourire à la puissance de votre respiration. Le souffle est l'essence de la vie. Sentez chaque muscle se détendre. Vous n'êtes plus que ce souffle, cette grande respiration cosmique. Effacez votre esprit, ne pensez plus à rien. Demeurez dans cette position allongée le plus longtemps possible, autant de temps qu'il sera nécessaire pour passer d'un état ordinaire de conscience à cette sensation intime et indéfinissable où le ciel et la terre dans le cœur sont unis, où il n'y a plus de distinction, aucun conflit ni dualité.

À ce stade de votre méditation (communément appelée « méditation sans objet »), vous pouvez tout doucement vous lever et continuer vos activités quotidiennes. Cet exercice de lâcher prise, régulièrement pratiqué, apaise les peines et les douleurs, redonne la force et la vitalité. Pour qu'il soit vraiment efficace, il devra être accompagné d'un autre type d'exercices, à caractère nettement magique. La magie, en effet, transfigure la pensée. Le moindre geste peut avoir une action décisive sur le cours du destin. Le *Samouraï* n'a peur de rien. L'énergothérapie est une voie de guerrier. Elle n'a que faire des justifications pseudo-scientifiques pour expliquer son fonctionnement. Elle n'emploie pas de termes grandioses ou volontairement obscurs et compliqués. La vie est simple et efficace. C'est le mental qui complique tout ! Nos exercices vont vous permettre de clarifier votre pensée en affinant votre intuition et en « ouvrant » votre conscience. Ces exercices sont sans danger. Ils ont été longuement expérimentés par nous-mêmes et nos élèves. Vous devez simplement les pratiquer avec le plus de sincérité possible, sans aucune crainte ni appréhension, en harmonie avec la Vie et les secrets de sa Splendeur.

Les racines primitives de la pensée

La magie est un phénomène élémentaire. Les zones les plus profondes de notre subconscient ont emmagasiné depuis de nombreuses vies les émotions particulières du monde magique et chamanique. Ces énergies ressortent parfois à la surface de notre esprit sous la forme d'archétypes et d'images symboliques. Nous passons le plus souvent à côté de leur signification, préférant ignorer cet aspect de nous-même ! Et pourtant ! Cette pensée « primitive » est infiniment plus réelle et authentique que tout ce que nous voyons et entendons habituellement, dans un monde sans passions, sans saveurs et sans joie.

Retrouvez la magie enfouie au plus profond de vous-même. Elle vous aidera à surmonter les innombrables difficultés de l'existence contemporaine.

Voici maintenant un exercice, complémentaire du précédent, qui favorise la reconquête de notre monde imaginal.

Le terme de monde imaginal n'est pas pris au hasard. C'est une expression fréquemment utilisée par le philosophe Henry Corbin dans ses travaux sur le soufisme. L'homme imaginal est celui qui a réussi à transformer l'imaginaire. L'alchimiste est celui qui transmute sa conscience. Les projections et les fantasmes deviennent réels et constructifs. Car le feu du sacré est à l'œuvre dans le cœur, dans le corps et l'esprit de celui qui sait Voir. Cette magie véritable est un « feu du dedans ». Ce « pouvoir » volontaire, utilisé de très longue date par les sorciers, les guérisseurs et les chamans, vous pouvez vous aussi recueillir ses bienfaits. Car tel est l'objectif de celui qui pratique ces différents exercices d'énergothérapie.

La flèche et l'arc de la volonté

Debout dans la nature, vous contemplez le ciel et vous prenez conscience de la terre sous vos pieds. Vous portez votre regard sur le bleu du ciel, cependant que vous sentez l'énergie tellurique communiquer avec vos jambes. Le bleu du ciel descend en vous, la force sombre et généreuse de la terre s'élève doucement dans votre corps jusqu'à ce que vous ressentiez la chaleur apaisante de votre bas-ventre (le *Hara*). Quittez maintenant le ciel du regard et concentrez votre énergie dans le *Hara*. Vos jambes sont solidement campées sur la terre. Regardez les arbres autour de vous. Faites le geste de tendre un arc entre vos mains. Tirez lentement la corde vers vous... Ne lancez pas la flèche de suite. La cible que vous allez visualiser devant vous est votre propre cœur. La flèche que vous retenez à cet instant présent est votre volonté, votre désir le plus ardent. Le pouvoir de la magie est contenu dans cette flèche. Respirez amplement, tenez bien l'arc entre vos mains. L'énergie de la terre s'est fixée dans votre ventre. De noire elle devient verte, de verte elle devient rouge, progressivement entourée d'or. Cet exercice taoïste de concentration est une source inépuisable d'énergie. Respirez calmement, sentez le ciel dans votre cœur, sentez la terre dans vos entrailles, regardez bien la cible en face, ne pensez plus à rien... Lancez la flèche, sans y penser, dans une profonde respiration.

Recommencez cet exercice autant de fois que vous le désirez. Peu à peu, sans forcer, un état de perfection intense va s'instaurer. Vos gestes deviendront de plus en plus précis. Votre respiration se fera de façon naturelle. La volonté s'est affinée et votre esprit s'est purifié.

Cet exercice apporte la joie, la réussite et le courage. Son implication est évidente dans la vie quotidienne. La vraie magie de l'être est d'une simplicité enfantine ! Il sera toujours temps par la suite d'analyser les composantes « ésotériques » de cet exercice. Contentez-vous sans trop penser de *respirer* et de tirer !

Exercices de méditation tantrique :

Imaginez votre partenaire, homme ou femme, dans le plus simple appareil. Il – ou elle – est entièrement nu. Son corps est presque transparent. La personne aimée et désirée se trouve devant vous, dans votre espace mental. Elle vous sourit, paisiblement.

Vous la fixez entre les yeux et prononcez doucement son prénom familier. Prononcez lentement son prénom, à plusieurs reprises, comme vous le feriez d'une prière et d'un *mantra.*

Votre énergie sexuelle est concentrée dans le bas-ventre, au niveau du *Hara.*

C'est une zone de chaleur, un lieu de force et de puissance.

Cette énergie est bienfaisante. Elle se répand dans tout le corps.

Cet exercice renforce la volonté, la détermination, la confiance en soi-même.

Le point que vous fixez entre les yeux de la personne désirée va vous permettre de pénétrer dans un royaume incomparable.

Cet endroit très précis est une porte de sagesse.

Pratiqué régulièrement, cet exercice tantrique de réconciliation des contraires sacralise et protège votre relation privilégiée à l'autre.

Le bonheur et la chance seront au rendez-vous du couple.

Un autre exercice est d'imaginer avec intensité la personne désirée, mais absente. Concentrez-vous, les yeux fermés, dans l'espace qui se trouve entre vos deux sourcils. Visualisez celle ou celui que vous désirez contacter. Il/elle se trouve en face de vous, entièrement dénudé(e), dans la position du lotus. Un rayon rouge, comme un laser, part de votre front et vient toucher le front de l'autre. Un pont rouge de lumière unit vos deux visages. Vos « troisième œil » sont réunis. Le rouge devient rose et le rose devient blanc. Vous percevez sans doute une lumière dorée au niveau du cœur (le vôtre, et celui de votre partenaire). Cela signifie que l'exercice a réussi. Vous venez d'opérer une connexion télépathique avec l'être aimé. Gardez encore les yeux fermés et respirez très calmement. Écoutez les battements de votre cœur. C'est la musique de votre cœur qui favorise la connexion.

Vous ne devez rouvrir les yeux que quand vous aurez ressenti, dans votre for intérieur, le bénéfice immédiat de cette visualisation.

Ce si simple exercice peut avoir des répercussions insoupçonnées dans votre vie.

Pour retrouver son équilibre

La vie moderne ne fait pas de cadeaux. Elle est stressante, superficielle, génératrice de bruits et de tensions, de difficultés de tous ordres. Les gens ne se parlent plus comme avant, ils sont méfiants et arrogants. L'insécurité et la peur de l'autre se sont installées dans les villes. Paranoïa et pollution sont les mamelles des temps modernes. Comment trouver son équilibre ? Comment garder l'esprit serein dans ce cauchemar contemporain ? Ce n'est nullement un hasard si l'énergothérapie a vu le jour en cette fin de millénaire. Elle répondait à une attente, à une urgence intolérable. Cette époque ne provoque pas seulement des troubles et de la douleur. Même dans les pires difficultés, l'être humain a toujours la possibilité de puiser en lui-même son énergie intemporelle, ce bonheur diamantin qui jamais ne le quitte.

Car la sagesse est en soi-même. Nous avons tout à l'intérieur. Il suffit de savoir traverser les voiles opaques de la souffrance, de l'ignorance et de la peur.

Votre équilibre vous semble instable ? Cet exercice est fait pour vous ! Vous n'avez qu'à suivre les instructions qui vont suivre et vous vous sentirez déjà infiniment mieux, dans votre corps et dans votre tête.

Mettez-vous maintenant dans la position du lotus. Le dos bien droit, les reins cambrés, poussez le ciel avec la tête, fixez le paysage devant vous, ne bougez surtout pas, faites redescendre vos énergies (ce singe mental qui vous travaille) à la hauteur de votre bas-ventre, détendez votre esprit, attendez sans attendre... Visualisez une lumière bleue qui va grandir entre vos yeux. Rentrez vraiment à l'intérieur, installez-vous au cœur de cette lumière paisible. Le bleu de l'univers vous protège. Vous ne vous êtes jamais senti aussi bien que maintenant. C'est un plaisir qui n'a rien de sexuel. Vous expérimentez de tout votre être le lâcher prise fondamental, le décrochage de la prétendue « réalité » de tous les jours. Restez fort et souriant. Adoptez l'attitude du vainqueur. Vous avez tout à fait le droit de percevoir le caractère illusoire du monde. C'est que vous êtes sur la bonne voie, sur la voie droite et lumineuse.

La lumière bleue devient vous-même. *Sunyata*, vacuité, vous êtes ce vide et la lumière. Vous oubliez votre conscience. Vous n'êtes plus rien, plus qu'un souvenir. Voici enfin la délivrance ! Vous n'appartenez plus à rien et rien ne vous appartient plus. Rien n'appartient d'ailleurs à personne. L'univers n'est que la manifestation de la liberté absolue. Telle est du moins la pensée des plus grands sages de l'humanité.

L'univers est en vous et vous êtes l'univers. Cette lumière bleue devient de l'or, devient la pierre philosophale. Votre pensée est l'athanor. Votre pensée est non-pensée, originelle vacuité libre.

Revenez peu à peu à la conscience de tous les jours. Redescendez dans votre corps. Gardez cette pierre dans votre main. Votre trésor est positif. Il vous donne l'équilibre et la force de survivre. Vous deviendrez capable, un peu plus tard, de communiquer cette énergie aux autres. Vous donnerez de vous-même aux âmes qui souffrent et qui espèrent. Car vous aurez toujours gardé, dans le sanctuaire de votre cœur, cette lumière bleue entourée d'or que les sages nomment : la Compassion.

Pour se guérir d'une maladie

Les procédés de la magie blanche et la visualisation chamanique peuvent être un « plus » pour le guérisseur. La plupart des ouvrages traitant de l'énergie vitale se cantonnent frileusement à des conclusions d'ordre paramédical et scientifique. Le public est maintenant familiarisé avec les photographies bioplasmiques des époux Kirlian, l'utilisation de l'antenne Lecher ou la répartition des *chakras* (roues d'énergie) dans le corp humain. Mais peu de choses sont encore dites sur la réalité proprement spirituelle des animaux de pouvoir, l'existence des lutins ou la possibilité de se relier psychiquement avec les énergies de l'étoile Sirius. Il reste encore beaucoup à faire dans le domaine de l'expérience.

L'autohypnose et la sophrologie ont pris appui sur des données traditionnelles. Les fantastiques possibilités de l'autosuggestion et du regard magnétique étaient déjà connues par les prêtres égyptiens et les druides irlandais. Les mystères d'Éleusis, d'Épidaure ou de Delphes ont eu recours à ces techniques dans une visée initiatique et curative. Il serait fastidieux d'énumérer toutes les cultures qui avaient accès aux dimensions sacrées de l'être. C'est ce qui nous reste aujourd'hui de ces précurseurs qui a permis d'élaborer les méthodologies modernes de psychothérapie et de revitalisation.

Le principal obstacle à l'autoguérison est le manque de confiance en soi-même. Cela n'a l'air de rien, mais si vous ne croyez pas *fortement* à vos immenses possibilités, vous resterez prisonnier de cet état de maladie.

L'esprit est bien plus fort que la matière. J'ai rencontré des cancéreux que la médecine officielle avait définitivement condamnés et qui se sont guéris eux-mêmes. Le « pouvoir » est en soi et un esprit bien entraîné peut faire en sorte de libérer une formidable puissance – énergétique et spirituelle – de guérison.

C'est un combat difficile et douloureux, mais la Joie ineffable que l'on peut légitimement éprouver lorsqu'on a vaincu ses démons intérieurs vaut bien la peine de lutter pour défendre sa santé, son bonheur et sa vie.

L'autoguérison peut être pratiquée de façon préventive. Le système de défense immunitaire en sera renforcé. Un mental fort, équilibré, risque moins d'être atteint, ne serait-ce que par une simple grippe ! Le physique et l'esprit étant en étroite et permanente interrelation, c'est par une Foi inébranlable dans le Vivant et ses merveilles que vous pourrez aisément surmonter les épreuves et les difficultés.

Le corps est le miroir de l'esprit. Si votre esprit est apaisé, votre souffle régulier et vos émotions pacifiées, vous aurez déjà fait un pas de géant dans la conquête de la santé.

L'alchimie du mental

Installez-vous confortablement sur un divan ou dans un fauteuil. Vos yeux sont bien ouverts, les mains reposent sur vos genoux, le dos est droit « touchant le ciel ». Fixez une surface neutre devant vous. Ce peut être un mur blanc, une peinture monochrome, un bouquet de fleurs aux couleurs pâles. Ne vous attachez pas à ce que vous regardez, mais laissez votre esprit « flotter » à son propre rythme. Peu à peu, visualisez votre maladie. Imaginez un paysage de haute montagne où la neige étincelle, immaculée et reposante. Une rivière noire traverse la neige. Votre maladie est bien entendu cette rivière, de couleur sombre et effrayante. Si un sentiment de peur survient, laissez-le passer. Vous êtes le projectionniste et le paysage qui se déroule devant vos yeux n'est que le film de votre esprit. La mise en scène est la suivante : observez bien cette rivière noire. La neige tombe sur la montagne, tandis que le soleil, haut dans le ciel, continue de briller. Il tombe de plus en plus de neige, la montagne entière est maintenant enneigée et la rivière devient ténue, recouverte de neige. De noire elle devient grise, puis de plus en plus blanche, à mesure qu'elle se resserre insensiblement pour ne plus être au bout de quelques minutes qu'un minuscule ruisseau d'eau pure. Ce petit ruisselet va finir lui aussi par disparaître et il ne restera plus, devant votre esprit attentif, que le vide infini des neiges éternelles.

Pratiquez cet exercice autant de fois que vous le désirez. Il se peut qu'à un moment donné, à la troisième ou quinzième séance, un personnage ou un animal apparaisse sur l'écran de votre projection mentale. Tenez-en compte, évidemment, il peut être un facteur décisif pour le bon déroulement de la visualisation. Cet exercice est un auto-exorcisme radical. Il fait sortir de vous les négativités, les peurs, les hontes, les refoulements que vous avez accumulés, bien malgré vous, depuis de trop nombreuses années.

Cette visualisation peut s'accompagner de musique, à condition qu'elle soit très douce et presque imperceptible. Nous pouvons vous conseiller de la harpe celtique, de la musique classique japonaise ou la pure symphonie d'un compositeur scandinave (Grieg ou Sibelius).

Au bout de quelque temps, vous serez en mesure de constater une amélioration rapide de votre état physique. Ce qui vous paraissait autrefois insurmontable deviendra une partie de plaisir. Vous ne vous regarderez plus de la même façon. Les autres manifesteront plus de respect et d'attention à votre égard. Quelque chose aura profondément changé en vous. Là est peut-être le secret de l'énergie vitale... Vous deviendrez le maître de votre destinée. Vaincre le mal, la maladie, n'est-ce pas avant tout maîtriser son esprit ?

L'exercice du corps qui pense

Votre corps est un tout, c'est une bulle de lumière. Ce qui vous tient le plus à cœur, c'est d'atteindre cet état où tout semble parfait, où les problèmes sont résolus, où l'énergie peut circuler.

Le corps pense et ressent. L'esprit et la matière sont indissolublement liés.

L'exercice est très simple. Vous êtes assis sur une chaise, le dos bien droit, les mains posées sur les genoux. Votre respiration est ample et régulière. Chassez alors de votre esprit les chaos malheureux du mental. Ne laissez aucune prise au désespoir ou à la lassitude.

En fait, cet exercice (d'inspiration profondément taoïste) vise à faire lâcher prise. Si jamais doit surgir une quelconque illumination, ce ne peut être que dans un espace vide, dans un psychisme libéré.

Il ne faut jamais attendre quoi que ce soit. Ne soyez donc pas obnubilé par la conquête d'un état « supérieur » de l'être. Si cela doit se faire, l'éveil viendra naturellement, sans crier gare, au moment où vous n'y penserez plus !

Prenons l'exemple d'un musicien de jazz. Il va broder sur un canevas et, selon l'état intérieur de l'instant, il va puiser dans sa technique et dans sa culture musicale personnelles les éléments directs de l'improvisation. Les meilleures improvisations de jazz ou de blues sont le résultat d'un état profond, authentique et *unique*. Un état de grâce ne se reproduit jamais. Le génie ignore les mécanismes stériles de la répétition. Cependant toute inspiration, si talentueuse et géniale qu'elle puisse être, ne saurait avoir lieu qu'à la suite d'un long et laborieux processus créateur. Sauf de rares exceptions, et ce qui est valable dans le domaine artistique l'est aussi dans le monde spirituel, il faut longtemps s'entraîner, faire ses gammes sereinement avant que ne survienne le moment bénéfique et ô combien désiré de la pure création et du geste « spontané » !

Dans le temple du corps

Ne pensez plus à rien, respirez calmement. Le temps lui-même n'existe plus. Vous devez être comme le *sadhou* qui médite tranquillement sur les rives du Gange. Ou comme le bonze du jardin zen, ratissant inlassablement les graviers monotones du *mandala* de pierre. Histoire de dépasser les formes temporelles et de soudain s'apercevoir que tout est vide et vacuité. Tout n'est que jeu et apparences, mais seul un sage maîtrise le monde et se détache des illusions.

Vous devez peu à peu « construire » le vide en vous.

Une énergie tranquille et lumineuse s'installe progressivement dans votre conscience.

Si vous pratiquez régulièrement cet exercice, à raison de deux ou trois fois par jour, dans un laps de temps qui varie de dix à trente minutes, vous pourrez rapidement constater à quel point ce si simple exercice « purifie » le mental et procure l'équilibre.

Cet équilibre est en vous-même. C'est le pivot de votre corps, l'axe central de votre vie. Corps, esprit et destin sont une même énergie, un éternel mouvement de l'être.

Le corps pense et respire, élabore des pensées, refait le monde à chaque seconde, à chaque infime respiration. Votre corps est le souffle du divin univers. Le corps est Dieu, image de Dieu. C'est le temple du seigneur, le vaisseau de lumière. Laissez donc la lumière investir votre corps. Laissez le vide entrer en vous et clarifier vos perceptions. La sagesse de chaque être est inscrite dans son corps, dans la moindre attitude, intention ou parole.

Veillez donc sur ce temple que votre âme a choisi. Nous ne sommes pas venus au monde pour rien. Nous avons décidé, et ce depuis fort longtemps, de quelle manière nous incarner. C'est en pratiquant régulièrement l'assise silencieuse et la prière du cœur (qui est aussi prière du corps) que nous pouvons relier notre être à la Terre et au Ciel de tout destin digne de ce nom.

La maîtrise du feu

Cet exercice va vous permettre de consumer la part négative qui est en vous. Installez-vous dans la position du double lotus : le pied droit reposant sur la jambe gauche, le pied gauche reposant sur la jambe droite.

Si vous éprouvez quelques difficultés (douleur, arthrite, manque de souplesse) à vous maintenir dans cette position, adoptez simplement la position du tailleur.

Vos yeux ouverts fixent le mur. Tendez les bras devant vous. Mains grandes ouvertes, doigts écartés, vous allez créer mentalement une boule de lumière qui tiendra dans vos mains.

Pensez fortement à la couleur rouge.

Ramenez les mains en direction du *Hara*. Frottez doucement votre bas-ventre dans le sens des aiguilles d'une montre. Par ce geste, vous transmettez à votre corps l'énergie rouge et or de la sphère lumineuse.

Reposez ensuite vos mains sur les genoux et inspirez profondément.

La chaleur du bas-ventre va monter jusqu'aux yeux. Canalisez cette énergie, ce fluide orange et bénéfique, à la hauteur du troisième œil, à ce point précis situé entre les deux sourcils.

Vous pouvez maintenant fermer les yeux et méditer sur cette puissance originelle du feu.

La petite sphère tourne à la vitesse de la lumière. Vous contemplez ce tourbillon et vous sentez un souffle chaud envahir votre être et votre corps. Cette distinction est nécessaire. Le corps et l'être sont différents. Le corps vieillit, se modifie, alors que l'être, inaltérable, traverse les siècles et les naissances.

L'être-en-soi est le Soi, dans l'absolu, pure Unité. Tandis que la psyché, cet assemblage d'idées et de sensations provisoires, reste du domaine de l'impermanence et du monde relatif.

Le feu de l'univers résonne dans chacune de vos cellules. Le moindre atome de votre corps doit ressentir cette énergie.

Le dos bien droit vous respirez, en inspirant profondément, de telle façon que vous puissiez ressentir rapidement le degré de puissance de ces saintes énergies.

Cette visualisation dure environ une heure. N'oubliez pas de vous remettre debout avec infiniment de précautions.

Il est conseillé après cet exercice de passer les mains et le visage sous l'eau froide, d'écouter de la musique classique, de regarder des fleurs, de penser à un aigle ou à tout autre animal majestueux.

Comment parler avec un arbre

En principe, cette communication directe avec la nature ne devrait pas s'apprendre, mais devrait être spontanée.

La plupart d'entre nous avons cependant perdu de vue la possibilité magique de communier directement avec un arbre, un animal, une orchidée ou un menhir.

Cette possibilité est enfouie au fond de notre cœur.

Nous ne savons plus parler avec les arbres car le lien est rompu entre les forces de la Nature et notre ego trop limité.

Vous percevrez très rapidement quel arbre vous correspond le mieux. Quand vous l'aurez choisi, approchez-vous doucement de lui. Tenez-vous à une distance d'un mètre environ de votre arbre.

Si cela vous est possible, déchaussez-vous et posez vos pieds nus sur l'herbe et sur la terre. Si le matin se lève, vous serez en contact avec la rosée pure.

Laissez les bras le long du corps, respirez calmement, fermez les yeux quelques secondes. Le temps de visualiser, en un flash très rapide, la source de lumière qui se trouve devant vous.

Vous devez prendre conscience que l'arbre qui vous fait face resplendit de lumière, d'énergie et de force.

Vous capterez du vert, du rouge, de l'or et de l'orange.

Les gnomes de l'arbre vous protégeront.

Aucune prière n'est nécessaire. Votre silence est élogieux. Tous les arbres sont capables de ressentir votre énergie, vos intentions et vos secrets. Sachez enfin qu'il est réellement impossible de tricher avec la Nature. Car elle fonctionne comme un miroir et nous renvoie nos énergies.

Cette approche simple, élémentaire, peut avoir des répercussions importantes sur le plan de la santé. Que vous en soyez conscient ou non, les énergies de l'arbre ont déjà entrepris leur travail de guérison.

Ce processus est très subtil. Il est souvent imperceptible. La raison ne voit rien ; l'inconscient perçoit tout.

Cette première « prise de contact » avec les princes

de la forêt apporte joie et optimisme, confiance en soi, amour d'autrui.

Si votre voie est naturelle, si la forêt vous interpelle, n'hésitez pas à revenir vous recharger dans son sanctuaire.

Les Anciens considéraient la forêt comme un temple, le lieu sacré par excellence où s'exprimaient les divinités.

La force profonde de la Nature est bien plus vieille que l'être humain. Elle est sur terre depuis toujours et peut nous rendre de grands services.

Les druides vivaient dans la forêt et communiaient avec les arbres. Le druidisme est issu de cette loi d'harmonie, de cet ordre cosmique, interactif et tellurique.

À la rencontre du sanglier

Voici un exercice de visualisation utilisé fréquemment en yoga druidique. Il favorise le lâcher prise et purifie les corps subtils.

Fermez les yeux, détendez-vous. Posez les mains sur vos genoux, assis bien droit sur une chaise. Cet exercice peut s'accompagner éventuellement d'une musique de harpe celtique (Stivell, Myrdhin ou Denise Mégevand).

Inspirez calmement et expirez profondément.

Visualisez une boule dorée, un œuf d'or lumineux, à la hauteur de votre plexus solaire. Cette sphère d'or va tournoyer dans le sens des aiguilles d'une montre. Puis, peu à peu, cette lumière dorée va progressivement « inonder » votre corps.

Quand vous aurez la sensation que votre corps entier se trouve rempli de cet or en fusion, continuez de respirer profondément et paisiblement. Maintenant imaginez qu'un très mince filet d'eau coule à l'intérieur de vos bras en partant de la hauteur des épaules jusqu'au bout de vos doigts. Une rivière se manifeste à l'intérieur de vos deux bras !

Le bout des doigts doit être froid. Une lumière bleue est dominante.

Vos pensées négatives vont quitter votre corps.

Agitez vos bras vers le bas et vers l'arrière, comme si

vous vouliez vous débarrasser énergiquement de ce qui vous encombre, de vos soucis et du passé.

Ce qui est derrière vous correspond au passé. Ce qui est devant vous correspond à l'avenir. L'instant présent est dans le souffle, dans une juste respiration.

Les erreurs et les illusions du passé vont quitter votre esprit à l'instant même de votre décision. C'est ce que vous devez affirmer en poussant le ciel avec l'extrémité de votre tête et en restant campé solidement sur vos pieds.

Dans la conception taoïste du monde, le *Tchen-Jen*, l'Éveillé, est l'homme qui se situe entre la Terre et le Ciel. C'est la Voie du Juste Milieu.

Le regard de la divinité

Reposez maintenant les mains sur vos genoux. Détendez-vous, de plus en plus. Mais ne vous endormez surtout pas ! Votre esprit flotte à la lisière entre la veille et le sommeil. C'est dans cette zone intermédiaire qu'il est souvent le plus facile d'influencer notre conscience. Sans conscience point d'éveil et sans éveil... point d'harmonie !

Continuez de respirer calmement. Concentrez-vous sur le silence et descendez au fond de vous.

Vous vous trouvez dans une forêt. Près d'une rivière ou d'un grand lac. C'est un paysage d'automne. Les feuilles sont rouges, vertes et jaunes. On peut capter des reflets d'or parmi les arbres de cette forêt. Vous marchez lentement au bord de l'eau sous le soleil. L'animal vient vers vous. Un splendide sanglier. Il va lentement, il se promène. Il n'est plus très loin maintenant, juste à deux ou trois mètres. Voici qu'il lève soudain la tête dans votre direction, que se croisent vos regards, que vous plongez au fond de ses yeux. Ne crispez pas votre mental. Cette rencontre est pacifique. N'ayez aucune crainte. Ce sanglier est votre ami. Il est venu pour vous aider. Continuez de soutenir son regard et demandez-lui silencieusement de vous transmettre son énergie, sa joie de vivre et sa puissance.

Quand vous aurez reçu le présent demandé, inclinez-vous respectueusement et remerciez le sanglier. Remerciez la divinité qui se trouve à l'intérieur et qui vous a permis de faire cette expérience. La Divinité a de multiples visages et ses aspects sont innombrables. Le sanglier est un grand animal de pouvoir. Il est considéré en Inde comme étant une incarnation du dieu Vishnou. Ses mérites sont immenses. Il peut vous faire beaucoup de bien.

Savourer les fruits de l'acte

Le sanglier est reparti dans la forêt. Asseyez-vous au bord du lac et ne pensez plus à rien. Vous pouvez apercevoir le soleil trembloter légèrement sur la surface liquide du lac. Regardez le soleil, mais ne vous attachez pas à cette image. Vous êtes paisible et détendu, vous venez d'accomplir un acte magique et sachez que la réalisation matérielle de votre vœu ne saurait tarder.

Vous venez d'acquérir une plus grande confiance en vous. La santé et la force, la volonté et le courage sont désormais vos attributs. Reprenez peu à peu conscience de votre environnement. Ouvrez les yeux progressivement. Retrouvez la sensation de votre corps. Attendez encore un moment avant de vous lever.

Évitez de parler, de raconter vos sensations. Ne dévoilez pas votre jardin intime ! Cette rencontre magique avec le sanglier ne peut avoir d'effets durables qu'à condition de garder précieusement par-devers soi la beauté et le charme de cette introspection.

Pour développer la compassion

Quotidiennement, jour après jour, nous côtoyons des êtres qui souffrent. Cette souffrance nous est parfois intolérable. Que pouvons-nous faire pour les autres ? Pouvons-nous, dans la mesure de nos faibles moyens, leur apporter plus de joie, plus de bonheur et d'harmonie ? Prendre conscience de cette souffrance universelle est souvent le plus juste réflexe qui nous permet de progresser sur le chemin spirituel.

La compassion n'est pas innée, beaucoup d'êtres n'en ont pas et ne savent même pas que cela peut exister. Ce « sentiment » n'en est pas un, il est même au-delà de tout sentimentalisme déplacé. La souffrance nous heurte de fond et nous ne pouvons l'accepter. Le guerrier spirituel est celui qui relève le défi. Il ne peut tolérer qu'un seul être puisse souffrir. Cette attitude compatissante, dans le bouddhisme, est celle du pur *bodhisattva.*

Paroles de cœur et de lumière

Les quelques phrases qui vont suivre vont vous aider dans le déroulement de cette visualisation. Prononcez-les mentalement, dans l'ordre que vous souhaitez, à votre rythme, le plus naturellement du monde. Peu à peu ces formules vont imprégner votre subconscient. L'énergie contenue dans ces mots si profonds et si simples va rayonner dans votre cœur. Vous devez psalmodier psychiquement ces paroles avec beaucoup de conviction. Il faut un grand courage pour suivre la voie du cœur et vouloir affronter les douleurs temporelles. Ces paroles de bonté ont un pouvoir magique évident. Elles protègent votre route, votre mission sur cette terre, en même temps qu'elles concourent à faire le bien autour de vous. La rivière de ce don est une eau claire et transparente.

Cet exercice a plus d'impact s'il est pratiqué de très bonne heure le matin. Le cœur est en relation avec le soleil et c'est en quelque sorte une cérémonie d'ouverture que vous accomplissez.

Vous pouvez vous aider de la flamme d'une bougie. Contempler tranquillement la petite flamme dansante et verticale de votre bougie est un excellent moyen pour pacifier le mental.

Vous pouvez également tenir un cristal dans votre main. Le contact du minéral sur la paume de votre main droite (là où se trouve un *chakra* mineur) favorise la tranquillité d'esprit.

Maintenant, voici les quelques paroles que vous allez mentalement prononcer : « Je suis au cœur de l'univers et l'univers est dans mon cœur. Tous les êtres que je suis amené à rencontrer dans cette vie méritent respect et attention. Je ne suis pas un être isolé. Mon esprit fait partie du Grand Tout. Je dois donner cette force de Vie qui est en moi et me traverse. Je dois donner autour de moi. Celui qui souffre est mon ami. Cette souffrance est la mienne et nous pouvons la transmuter. Nous allons transformer la souffrance en sagesse, purifier la douleur, effacer le *karma*. Tous les êtres vivants sont issus du Tao. Cette souffrance est illusion, il m'a été donné de comprendre que tout cela est illusion, je vais me servir de cette compréhension pour mieux aider les autres à avancer sur leur chemin. Chacun de nous est un être potentiellement heureux, mais il ne le sait pas. Je vais combattre cette ignorance par le sourire et l'amitié. Je vais sourire intérieurement pour que cette joie puisse gagner l'autre. La vraie bonté est contagieuse. Mon humble rôle sur cette Terre est de donner le plus d'Amour possible. »

La contemplation du double

Installez-vous confortablement devant un grand miroir. Détendez-vous et respirez. Vous êtes assis tranquillement sur une chaise, les mains posées sur vos genoux, et vous regardez fixement le point qui se trouve entre vos deux sourcils.

Regardez fixement ce point en essayant de ne jamais ciller. Vous devez vous identifier complètement à ce que vous voyez. Au bout d'un certain temps, cinq minutes environ, votre visage prendra une autre apparence. Ne vous attachez pas à ces déformations visuelles et continuez à fixer paisiblement ce point entre les yeux, à la hauteur du « troisième œil ».

Cet exercice n'a l'air de rien, mais il est très puissant, et surtout efficace, puisqu'il vous met en relation directe avec votre véritable identité.

Il est fortement conseillé aux personnes trop nerveuses ou anxieuses, et qui manquent bien souvent de confiance en elles.

L'intensité de votre regard et la concentration mentale exigée font de cet exercice une aide précieuse pour la mémoire et l'attention. Les pensées « parasites » sont chassées et votre esprit devient limpide. L'esprit et le corps étant étroitement unis, vous devriez acquérir une plus grande résistance à la fatigue, un meilleur champ visuel ainsi qu'un renforcement des muscles qui se trouvent au niveau de la nuque. Attention, cependant ! Ne pratiquez jamais cet exercice plus de quinze minutes, maximum, au début. Restez conscient de ce que vous faites. Les chamans expérimentés sont capables de rester plusieurs heures d'affilée dans cette contemplation immobile de leur « double ». En ce qui vous concerne, l'objectif est d'acquérir une plus grande stabilité (mentale, physique, émotionnelle), un plus grand équilibre, dans la vie de tous les jours. N'est-ce pas là l'essentiel ?

Exercice de guérison magique à distance

Visualisez distinctement la personne que vous désirez traiter. Concentrez-vous le mieux possible.

En inspirant profondément, debout, les jambes à peine écartées, les bras tendus le long du corps, intensifiez votre énergie guérissante au niveau du plexus.

Une boule de chaleur va grandir peu à peu.

En expirant, les yeux ouverts, vous dirigez votre pensée (votre intention de guérison) vers la personne concernée.

Si vous avez quelque difficulté à la visualiser, prononcer son prénom peut suffire à guérir. Les ondes puissantes de la pensée traversent le temps et l'espace.

Les anciens druides connaissaient bien cet exercice de guérison.

C'est une technique de magie blanche, infiniment plus simple que la radionique, et qui donne d'excellents résultats.

Le principe de son efficacité réside avant tout dans la puissance de l'intention. Votre plexus solaire est le siège de la volonté. C'est pourquoi vous devez ressentir une source bienfaisante de chaleur dans cette région du corps.

Cette guérison magique est liée à l'élément Feu. Le feu consume les négativités. Il purifie les corps subtils.

Vous pouvez également tenir vos bras dans la position dite des Pharaons. La main droite vers l'épaule gauche, la main gauche vers l'épaule droite.

N'oubliez pas à la fin de cet exercice de vous incliner légèrement en avant afin de remercier et de dédier votre rituel.

Les dieux sont là. Ils vous protègent.

Votre action positive vient d'enclencher des forces, des puissances bénéfiques invisibles et altruistes.

Ne cherchez pas plus loin... et laissez faire les choses ! Le Dieu de votre cœur connaît mieux que personne ce qu'il convient de faire. Pratiqué régulièrement, ce rituel peut permettre de guérir les malades. Même si la personne que vous désirez soulager ne se doute pas un seul instant du travail que vous faites.

C'est dans le dépouillement et la simplicité que vous obtiendrez les meilleurs résultats.

Le rituel de la chance

Cet exercice pratique et élémentaire devrait pouvoir induire en l'être, au plus profond de sa conscience, un champ de forces bénéfique susceptible de le guider vers la réalisation concrète de ses désirs.

Vous êtes peut-être stressé, tendu, angoissé et soucieux. Cet exercice est fait pour vous !

Pour commencer, détendez-vous. Isolez-vous dans un lieu calme. Dans une forêt, auprès d'un arbre, serait l'endroit idéal. Si vous êtes contraint de rester en ville, dans votre environnement, vous pouvez faire cet exercice dans une chambre ou un salon, à condition d'être entouré de plantes vertes ou de fleurs. Ce détail est important. Le monde végétal est un allié indispensable. Vous opérez sans le savoir un transfert sur la plante. Un échange d'énergies extrêmement subtil a lieu entre la plante et votre esprit.

La protection des anges

Installez-vous confortablement sur une chaise ou un fauteuil. Ne pensez plus à rien. Respirez calmement. La chance est en vous, à cet instant et depuis toujours. Si elle s'est un peu endormie, si les échecs ces derniers temps ont été plus nombreux que les réussites, ce n'est pas entièrement votre faute et vous ne devez surtout pas vous culpabiliser ! D'ailleurs, chacun d'entre nous possède au fond de lui-même un océan d'amour et de sagesse illimité. C'est en faisant le vide en soi, en vidant son esprit, qu'il peut être possible de retrouver ses origines. L'être est coupé de ses racines, de cette force océanique. Ce sont de simples exercices comme celui-ci qui vont permettre de décanter la part obscure de notre esprit. Invoquez la lumière et demandez à votre ange gardien de protéger votre sentier et de favoriser dorénavant votre réussite (professionnelle, affective, spirituelle, artistique...). Chacun de nous, sur cette terre, est accompagné d'un ou de plusieurs anges gardiens. Vous êtes libre de penser qu'il s'agit là de l'inconscient. C'est en partie exact, bien que cet ange gardien soit situé tout de même sur un autre plan que les tribulations profanes de notre subconscient ! Quoi qu'il en soit, et même si vous ne croyez à rien de tout cela, faites un effort et jouez le jeu ! Imaginez réellement qu'un ange gardien est près de vous. L'imagination est un processus de création. Penser à une chose, et à plus forte raison la nommer, c'est la rendre réelle, lui donner vie et consistance. Cette conception vitaliste du souffle créateur et de l'imagination constructive se retrouve dans la Kabbale, dans le Vaudou et dans la Théurgie.

La magie des offrandes

Dirigez maintenant votre volonté en direction d'un arbre ou d'une fleur. Vous leur faites mentalement une offrande. Donnez tout ce que vous avez à donner, ne gardez rien pour vous, délivrez-vous de vos soucis, de vos angoisses et de vos doutes. Offrez-vous calmement à cet être végétal. Vous allez peu à peu ressentir une ineffable sensation de douceur. Essayez toutefois de ne pas vous endormir ! Vous perdriez le bénéfice de cette rencontre télépathique.

Que s'est-il passé pendant cet exercice ? Vous avez offert un peu de vous-même à la plante. Celle-ci a « digéré » vos peines et vos tensions. Elle les a redonnées à la terre, notre mère. Ce rituel chamanique est un acte positif de libération. En échange, c'est un peu de l'aura bénéfique de cette plante qui à son tour vient vous guérir. Si le vert est la couleur traditionnelle du monde végétal, l'aura des plantes a de multiples couleurs. Pour un travail de ce genre, il y a de fortes chances pour que ce soit une grande lumière dorée qui rayonne de la fleur ou de l'arbre. C'est un fil d'or télépathique qui unit votre cœur au royaume de la plante. Le monde végétal est une excroissance de la terre qui protège l'être humain depuis la nuit des temps.

La pulpe de vos doigts doit être chaude, électrifiée. Vous ressentez des picotements ou des fourmillements dans les mains. Ne vous inquiétez pas, c'est une conséquence naturelle de la méditation. De même, vous éprouvez sans doute une impression de sommeil. Ce « coup de barre » est provisoire. L'Énergie revient à la surface, chassant les miasmes et les toxines. Ce surgissement de l'Énergie peut occasionner une soudaine sensation de fatigue. Par la suite votre vitalité sera renforcée, le cours des événements deviendra de plus en plus positif. La chance est le reflet de l'Énergie Universelle. Le secret de la réussite réside dans la maîtrise des énergies. Les *Samouraïs* dans le Japon antique étaient souvent les conseillers écoutés et respectés des Seigneurs de la guerre, les *Daïmyos*. Leur pratique assidue de la méditation les amenait à considérer le monde avec distance et profondeur. Ne s'attachant pas aux phénomènes impermanents et illusoires, ils pouvaient contrôler le jeu fluctuant des énergies et de la chance.

La conscience invincible

Aussi étrange que cela puisse paraître, notre conscience est aussi vitale que notre corps, même si nous ne pouvons pas la définir scientifiquement. En tout cas, c'est bien elle qui gère notre mental et qui est la source de nos actions et de nos choix.

La peur, qui est le plus grand ennemi de l'homme, est générée par l'émotion, la confusion perturbatrice. Si nous voulons retrouver l'harmonie et la sérénité indispensables, il nous faut pour cela consolider notre conscience, la rendre ainsi invulnérable. L'exercice qui va suivre va grandement nous aider.

Imaginez que vous êtes un guerrier. Vous êtes immortel, ni la mort ni la maladie n'ont de prise sur vous. Installez-vous dans la position du demi-lotus : le talon de la jambe droite sur la cuisse de la jambe gauche, tandis que la jambe gauche est repliée sous la jambe droite. Respirez amplement et inspirez profondément. Les yeux fermés, vous devez sentir circuler votre sang à l'intérieur de vos artères. Vous êtes l'Arbre du Monde, le frêne sacré Yggdrasil. Imaginez que vous êtes réellement un arbre, que vous poussez le ciel avec le sommet de votre tête. Par ce simple exercice, vous réunissez les traditions orientales et occidentales. Votre conscience est au-delà de tout système. Vous êtes un arbre, tout simplement, l'énergie se déploie, sans limites ni contraintes, les *kami* vous protègent (ce sont les dieux du shintoïsme) et vous souhaitent bon voyage ! Vous n'en finissez pas de grandir, l'Arbre du Monde est infini et votre esprit est l'univers.

Cette dilatation psychique dans l'espace-temps du monde (on devrait dire : de tous les mondes) relativise vos perceptions et votre rôle individuel. Il arrive un moment, dans le cheminement initiatique, où les « rôles » justement doivent être laissés au vestiaire. Mais que reste-t-il alors ? Le je véritable, l'essence de tout individu, ce qui EST véritablement soi, image du monde, de l'univers, fleur du cosmos et des étoiles.

La pensée vibratoire

Cet arbre qui est en vous est le guerrier de la forêt. Vous êtes le *samouraï* de toutes vos perceptions réunies. Vous avez gagné le droit de créer votre propre forêt, d'être le maître de la clairière. Ce terme de clairière nous renvoie justement au druidisme. Le Roi du Monde est en vous-même. Frêne sacré, Yggdrasil, vous portez le ciel dans votre conscience et cette magie universelle, rythme cosmique des galaxies, imbibe doucement votre mental et fertilise vos sensations. Votre corps, peu à peu, reçoit l'offrande de la pensée.

Le corps n'est que la prolongation physique (matérielle) de la pensée vibratoire. Le corps n'existe pas. Il n'est que songe d'antimatière, reflet des mondes en suspension... On peut gloser et « délirer », mais le réel est ainsi fait. Notre conscience ne peut être invincible, imperméable aux coups du sort, que si le corps qui l'accompagne est une armure de *samouraï*, qu'il soit prêt à souffrir et à sans cesse se dépasser. N'oublions pas cependant le principe incontournable du plaisir. La joie et la douleur se fondent en une seule force. La volonté consciente de l'arbre qui pousse dans votre corps fait que vous seul pourrez oser et surmonter les paradoxes, dépasser les conflits et les choix indécis.

Continuez cet exercice aussi longtemps que vous le désirez. Votre conscience est renforcée, votre désir est affiné. L'intelligence et la volonté sont liées. Aussi longtemps que vous désirerez transformer le réel, les bergères deviendront des princesses, les loups féroces de l'adversité viendront lécher vos mains et les contraintes habituelles deviendront souples et bénéfiques.

La pensée est plus forte que la mort ou le corps. Elle contient tous les dieux, les déesses et les joies. Elle est elle-même une joie acquise, une joie sereine et indulgente, une paix profonde, contemplative.

À la rencontre d'Excalibur

Cet exercice de type chamanique se pratique en plein air. Vous êtes debout auprès d'un arbre. Placez vos mains contre le tronc de l'arbre et « inspirez » son énergie. La force du végétal se communique à votre corps. Dès que vous aurez distinctement senti cette énergie vitale imprégner votre corps, retournez-vous et regardez le ciel. Inspirez, profondément. Continuez cet exercice de respiration durant plusieurs minutes. Vos bras vont se rejoindre au-dessus de la tête. Visualisez une longue épée dressée à la verticale, que vous tenez fermement en direction du ciel. Prenez mentalement l'énergie du soleil et dirigez cette énergie vers votre épée magique.

Vous êtes campé solidement sur le sol. L'énergie de la terre remonte dans vos jambes. L'énergie du soleil est une boule de feu que vous sentez délicieusement vibrer au niveau du *Hara*. Votre respiration est énergique. Ferme est votre volonté et lucide – implacable – votre esprit qui s'éveille. Votre conscience est un diamant et toute crainte vous a quitté. Vous serez désormais votre propre univers. L'épée se dresse vers le soleil. Elle rayonne de mille feux, elle est elle-même un pur soleil.

Imaginez dès à présent que votre esprit est cette épée. Votre pure volonté n'est rien d'autre que ce flux qui jaillit de votre être, qui vous relie à l'univers, au bleu du ciel et au soleil.

Quand vous aurez acquis la certitude intime que votre volonté continue de vous guider sur le sentier étroit et périlleux de la suprême réalisation, vous pourrez commencer de dissoudre mentalement le support de cette intense visualisation. Cette épée va peu à peu disparaître.

Votre épée « disparue », redescendez lentement vos bras et remerciez intérieurement le Créateur et la Nature.

Retournez-vous maintenant vers l'arbre, posez vos mains sur son écorce. Fermez les yeux et méditez. Recueillez-vous sur votre force, sur ce qui vient de se passer. Un sentiment profond de confiance en soi doit vous imprégner. Redonnez à cet arbre l'énergie qu'il demande. Ouvrez les yeux et remerciez. Excalibur, l'épée magique, dorénavant vous protégera.

Exercice de pacification

Assis sur une chaise, laissez tomber les bras. Respirez calmement. Vous pouvez fermer les yeux, mais ce n'est pas obligatoire. Ne fixez rien, laissez aller. Pratiquez l'attention flottante. Comme la corde de l'arc ni trop tendue ni relâchée à l'extrême.

Inspirez profondément. Expirez progressivement.

Inspiration-expiration, à votre rythme, vingt ou trente fois.

Ne pensez toujours à rien.

Posez les mains sur vos genoux, les paumes tournées vers l'intérieur. Redressez sans forcer la colonne vertébrale. Tendez-vous vers le ciel. Les yeux mi-clos, respirez calmement... Vous êtes le monde, le monde est vous. Laissez aller vos émotions : le rire, les larmes ou la colère. Mais ne retenez rien.

Vous pouvez vous identifier durant cet exercice à l'herbe dans les prés que réchauffe le soleil et qu'arrose la pluie. Imaginez un paysage aussi verdoyant que possible. Paysage irlandais, aux collines vertes et bleues. Vous êtes cette herbe et cet insecte, ce rayon de soleil et cet arbre majestueux. Vous êtes la terre et l'univers. La lenteur et la sérénité sont vos meilleures amies. Devenez cette lenteur, laissez glisser le temps en vous. Vous êtes la terre et le soleil, vous êtes la lune et les étoiles.

Poursuivez cette méditation « éveillée » jusqu'à sentir une légère chaleur se développer au niveau de votre plexus solaire. À ce moment-là, reprenez progressivement conscience.

Ouvrez les yeux. Ne clignez pas. Vous pouvez avaler votre salive. La salive est d'ailleurs un élément très important dans la méditation de type taoïste.

Maintenant levez-vous et remerciez le Créateur. C'est Lui seul qui a permis que cet exercice soit mené à bien. « Dieu est Le Plus Savant », est-il écrit dans le *Coran*.

Saluez et remerciez. La méditation est terminée.

Petit conseil pratique : sachez utiliser les bienfaits de l'eau froide, après une guérison ou un exercice de concentration. Il est bon et utile de passer ses mains ou ses poignets après une séance sous le jet rafraîchissant d'un robinet d'eau froide.

Vous pouvez également vous mettre un peu d'eau fraîche sur la figure. Les idées peu à peu reprennent leur juste place.

Une méditation comme celle-ci n'est jamais terminée.

En fait elle ne fait que commencer. Ses bienfaits peuvent s'en faire sentir des jours ou des semaines après. Ne désespérez pas ! C'est la persévérance, l'assiduité et le courage (ce fils héroïque de la volonté profonde) qui sauront vous aider à redresser le cap et à vous recentrer, à diriger votre existence, à mieux cerner votre équilibre, source de joie et de bonheur.

Le corps de gloire indestructible

L'énergothérapie n'est pas un système figé et définitif. Ses utilisateurs sont entièrement libres d'innover, d'improviser, de construire par eux-mêmes les formes les plus aptes à générer davantage d'harmonie et de vitalité.

La création de l'énergothérapie s'inscrit dans une période tumultueuse de transition et de changement. C'est un point de jonction entre l'Orient et l'Occident, la tradition et la modernité.

L'être engage le combat avec ses ombres et ses fantômes. Il purifie sans cesse la pierre, la pyramide de l'équilibre. Le corps est à la fois une cathédrale, un temple et une mosquée, un palais de cristal éphémère et splendide.

Le corps physique abrite la foudre d'un corps de gloire philosophal, d'un corps glorieux et immortel.

Le principe d'immortalité de l'âme est contenu dans le corps humain, dans la maîtrise alchimique du souffle et des énergies.

La Vision nous permet d'accéder au travail intérieur qui ne commence véritablement qu'à la mort du « vieil homme ».

La Voie du Phénix procure à l'être une certitude au-delà des illusions sécurisantes et des doctrines soporifiques. Celle de toujours exister, où plutôt : d'ÊTRE éternellement, après la mort du corps physique.

Il ne s'agit pas là, on s'en doute, de réincarnation. Car qui se réincarne ? De quelle nature est cette eau translucide qui passe d'une amphore à une autre entre les mains de la Tempérance ? Ce XIVe Arcane du Tarot de Marseille est apparu après la Mort.

Cette immortalité réelle d'un principe essentiel ne peut se concevoir que par un long et rigoureux travail. Des techniques appropriées sont commentées « entre les lignes » dans de remarquables ouvrages d'alchimie tels ceux de Fulcanelli, dans le *Livre des Morts égyptien* ainsi que dans les textes taoïstes, tantriques et tibétains.

Cette voie abrupte n'est pas à la portée du premier venu. Elle demande une ascèse qui n'a rien de moral, une immense compassion et un profond désintérêt des occupations mondaines.

L'enjeu du corps de gloire devient de plus en plus irréalisable à une époque, le *Kali Yuga*, où les forces d'ignorance emprisonnent et détruisent les lumières angéliques.

Ainsi ces quelques exercices d'énergothérapie donnent-ils les clés nécessaires à qui veut s'engager au service du Réel.

La philosophie magique et opérative de ce guide se situe au-delà des systèmes religieux. Elle vient du cœur et parle au cœur. Elle vient du centre et touche la cible. Elle est l'écho universel de « quelque chose » d'intransmissible. Notre objectif aura été atteint si par ce livre et ses méthodes un peu plus de sagesse, d'équilibre et de joie sont venus enrichir votre vie quotidienne.

Chapitre 9

Les chemins de la solitude

La solitude est, dit-on, un des fléaux de notre société moderne, en particulier dans les grandes villes. La vie urbaine favoriserait l'isolement et, malgré le perfectionnement des moyens de communication, les gens ont de plus en plus de mal à... communiquer !

Cette constatation est dénoncée régulièrement par les médias comme une fatalité inhérente à notre monde technologique sans qu'ils aient de véritables solutions à proposer, sinon les sempiternelles adresses de clubs de rencontre ou un choix d'activités certes distrayantes mais qui ne résolvent en rien le problème de fond des « nouveaux solitaires ». Il y aurait, à Paris, un homme pour sept femmes. Il y a, de même, beaucoup de gens âgés qui sont isolés ou qui se retrouvent dans des maisons de retraite, entourés certes par de nombreux autres vieillards, mais condamnés à finir leur vie dans un désert affectif effroyable.

Il est difficile d'imaginer la misère morale de ces personnes, surtout si elles sont dépendantes physiquement ou si elles souffrent de troubles psychiques. Elles deviennent des prisonnières dans des établissements qui ressemblent d'ailleurs souvent à des prisons. Elles sont liées par des chaînes invisibles à des institutions qui sont leur dernier recours.

Quant aux nombreux hommes et femmes plus jeunes vivant seuls dans notre société, ils traversent aussi un enfer quotidien, même s'ils souffrent en silence. Il est anormal que des êtres humains dans la pleine force de l'âge ne puissent pas faire profiter d'autres êtres humains de leur énergie, de leur amour ou de leur compassion.

Souvent ces solitaires se lancent dans des activités qui sont illusoires car elles ne leur permettent, la plupart du temps, que d'oublier un moment leurs soucis sans les résoudre. Une fois le soir venu, ils se retrouvent à nouveau seuls et avec leurs problèmes sans avoir évolué le moins du monde sur leur voie de développement personnel. Ce problème de la solitude a plusieurs causes à la fois dépendantes de notre type de société et spécifiques à chaque individu.

S'extraire du mirage de l'extériorité

Le mode de fonctionnement de notre civilisation nous incite aussi à aller chercher à l'extérieur de nous-même les solutions que nous portons en nous. Nous sommes éduqués durant notre enfance et matraqués durant le reste de notre vie par des valeurs artificielles et mercantiles. Toutes les solutions que l'on nous propose sont bien souvent inspirées par un esprit commerçant.

La publicité en est le meilleur exemple. Les slogans réducteurs et simplistes nous polluent intellectuellement. Il ne faut pas oublier en regardant une publicité que son but n'est pas que nous allions mieux mais que nous consommions plus. Alors, on entend, à longueur d'écrans publicitaires, des absurdités qui abaissent ceux qui osent utiliser les aspects les plus nobles de l'âme humaine à des fins d'épicier.

Quelques morceaux choisis : « Vous avez la femme... vous aurez la voiture », « Déprimé, manque de tonus, prenez Supravitalité ! », « Un chagrin d'amour, pour la récupérer, offrez-lui un bijou », « Achetez le C.D. de Untel si vous voulez être un vrai gentleman », « Le parfum Macho fera de vous un vrai homme »...

Ces quelques exemples suffisent à montrer le manque de grandeur et de respect de beaucoup de publicistes pour leurs frères humains. La publicité est le révélateur le plus évident d'une certaine culture dominante de la superficialité et du détournement des valeurs qui font la grandeur de l'homme : la dignité, le courage, l'amour, la compassion, la solidarité.

Dans un monde en crise, les principales solutions qui sont proposées sont matérielles alors qu'il y a dans le grand public une immense soif de spiritualité ou au moins de sens à donner à sa vie. La devise « Liberté, Égalité, Fraternité » n'est plus souvent qu'un vain mot dont se gargarisent des politiciens en mal d'électeurs sans y croire un seul instant eux-mêmes. L'Église ne répond plus à notre soif d'absolu, d'où la concurrence d'autres religions et traditions spirituelles. La notion de famille a été pendant des années rejetée comme démagogique, vieux jeu, bourgeoise... alors qu'elle est à la base de la solidité d'une nation.

En cela, les sociétés « primitives » et les pays du tiers monde ont montré une plus grande intelligence que nous malgré les coups de boutoir de la civilisation occidentale. Ils ont réussi dans une grande mesure à éviter la désagrégation familiale qui est notre lot en cette fin de siècle. Cette déliquescence a jeté sur les routes de la solitude des générations d'adolescents pour qui le rejet des parents était un critère de maturité et d'indépendance. Ils sont ensuite devenus des hommes et des femmes seuls croyant profiter de la liberté alors qu'ils s'étaient eux-mêmes forgé leurs chaînes. Cette amnésie collective en a fait des individus irresponsables et désorientés qui ont rempli les maisons de retraite de ces « vieux » dont ils ne savaient plus quoi faire ou dont ils n'avaient pas envie de s'occuper, tellement préoccupés qu'ils étaient à profiter de leur « indépendance ». Ils ont oublié, par là même, qu'un jour, ce serait à leur tour de finir dans ces asiles ou parfois dans ces mouroirs de fin de vie.

La promotion, dans la vie professionnelle, de principes vantant l'individualisme, la réussite, le profit, l'efficacité a conduit à un ostracisme déguisé vis-à-vis de ceux qui ne voulaient pas se plier à ces valeurs ou qui ne suivaient pas le rythme. Le résultat de cette perte des valeurs, de l'individualisme forcené, de la désagrégation familiale est ce chancre de notre société moderne : la solitude. L'isolement ne touche pas uniquement les personnes vivant seules mais aussi beaucoup de gens ayant une vie de couple, professionnelle, familiale ou sociale mais qui, malgré ces activités, manquent fondamentalement d'une véritable communication avec les autres, parfois même avec ceux qui leur sont proches.

Faire de sa solitude une alliée

La solution viendra d'un retournement de la tendance générale centrifuge en un mouvement centripète de nous-même vers nous-même. Dans cette perspective, le « fléau » de la solitude peut devenir un formidable allié pour élever son niveau de conscience et approfondir sa compassion envers tous les autres humains. En effet, à quoi cela servirait-il d'évoluer pour soi-même si ceux qui nous entourent continuaient à vivre dans la souffrance ? Le principe des vases communicants s'applique aussi dans le domaine spirituel.

Le fait de vivre dans la solitude, que ce soit physiquement ou psychologiquement, peut ainsi devenir un formidable facteur de développement personnel sans que l'on doive pour autant se retirer dans un monastère ou un couvent. Ici et maintenant, au beau milieu de la foule et de votre vie quotidienne, vous pouvez pratiquer le chemin de la solitude.

Il faut réapprendre à investir votre vie, en pensées, en paroles et en actions. Le lien qui vous reliera à vous-même sera la respiration. Un maître zen vietnamien, Thich Nhat Hanh, en parle très bien en enseignant la Voie de la Pleine Conscience (voir la bibliographie).

Pour lui, nous devons être conscient de chaque instant de notre vie pour vivre celle-ci pleinement. Chaque pensée, chaque parole, chaque action doivent avoir leur raison d'être et leur utilité. Pour cela, il faut ouvrir les yeux sur le monde qui nous entoure, en apprécier pleinement les miracles quotidiens. Pour arriver à cette maîtrise, il faut vivre en Pleine Conscience. Pour y parvenir, il faut s'appuyer sur une fonction vitale commune à tous : la respiration. Elle est le lien entre les différentes parties de notre être : physique, physiologique, psychologique et spirituel.

Dès que vous en avez l'occasion, centrez-vous sur votre respiration en suivant son rythme naturel. Peu à peu, vos inspirations et vos expirations seront de plus en plus longues et vous profiterez alors pleinement de votre vie ; vos sens s'affineront, votre esprit sera plus clair, votre santé en sera renforcée. Vous pénétrerez à chaque pas dans un nouvel univers et dans une nouvelle réalité plus proche de votre nature ultime.

Dans cette optique, pour pratiquer le plus souvent possible la respiration consciente, le fait d'être seul sur une longue période ou temporairement est un avantage. Comment voulez-vous, en effet, vous concentrer sur votre respiration si vous êtes constamment dérangé, si des gens vous parlent toute la journée ou si vous êtes engagé dans un activisme frénétique ? Toutes distractions qui vous donnent l'impression de ne plus avoir de problèmes ou de ne plus y penser. Cette pratique de la respiration consciente peut se faire à tout moment de la journée, dès que vous êtes... seul !

La méditation du temps libre

Cette technique respiratoire est à pratiquer dès que vous avez un moment de libre, que vous soyez seul physiquement ou au milieu de la foule.

Réfléchissez quelques minutes au déroulement de votre vie quotidienne. En cherchant bien, vous trouverez sans doute plusieurs moments où vous n'avez pas à parler ou à rencontrer d'autres personnes. Ce sont ces temps libres qu'il vous faut investir. Le matin au réveil, dans les transports en commun, dans votre bureau, dans des files d'attente de cinéma, de spectacle, de théâtre, à la caisse du supermarché, le soir quand vous êtes seul chez vous, avant de vous endormir, voire même aux toilettes ! N'employez plus ces moments « perdus » à remâcher vos idées noires.

Toutes ces occasions, et bien d'autres encore, sont de formidables opportunités de se concentrer sur sa respiration pour agir efficacement à la résolution de ces problèmes en déconnectant partiellement le mental, arme favorite de l'ego.

L'éveil au réveil

Commencez au réveil. Le matin avant de partir au travail, avant même de vous lever, réveillez-vous ne serait-ce que vingt à vingt-cinq minutes plus tôt que d'habitude. Une fois la conscience diurne retrouvée, naturellement ou à l'aide d'un réveille-matin, restez allongé douillettement sous la couette si c'est l'hiver ou en profitant de la douceur du matin si c'est l'été (au printemps et en automne faites ce que vous voulez!).

Gardez les yeux fermés et commencez à suivre le rythme naturel de votre respiration. Restez-en conscient le plus longtemps possible, en laissant passer les pensées, en détendant toutes les parties de votre corps, des pieds à la tête, progressivement.

Une fois cette relaxation corporelle terminée, revenez à la conscience de votre respiration, durant le temps que vous pouvez y consacrer. Quand vous vous lèverez, vous serez plus dynamique, plus motivé et vous aurez l'esprit plus affûté, vos sens seront beaucoup plus en éveil. Souvent d'ailleurs surgiront spontanément, alors que vous avez encore l'esprit frais, des solutions à des questions que vous n'arriviez pas à résoudre et souvent même vous remarquerez que votre conscience de la réalité qui vous entoure a changé. Vous prévoyez plus facilement les réactions de votre entourage, vous vous trompez moins sur la véritable valeur des gens ou sur leurs qualités ou leurs défauts, et cela grâce au développement de vos facultés intuitives par la conscience de votre respiration.

Cela peut sembler « miraculeux » à première vue car nous avons l'habitude d'élaborer des moyens complexes pour clarifier notre part d'ombre ou étendre notre champ de conscience habituel, bref, d'aller chercher midi à quatorze heures!

Les solutions sont en général beaucoup plus simples qu'on ne le croit et à notre portée. Il suffit de porter le regard au bon endroit. Il faut commencer par le commencement; en l'occurrence, la maîtrise du processus respiratoire naturel. Il n'est pas question ici de pratiquer des rythmes respiratoires forcés ou des hyperventilations qui peuvent se révéler dangereuses, mais d'utiliser le formidable potentiel de notre rythme respiratoire *naturel.*

Que votre respiration soit ample ou étriquée n'est pas important. Le fait de faire briller votre conscience sur celle-ci la modifiera obligatoirement. Elle prendra le rythme ample qui doit être le vôtre progressivement.

Pour une journée consciente

Dès que vous avez un moment de libre dans la journée, repensez à votre respiration sans en faire une obsession maladive. Au début, vous n'y penserez pas forcément. Puis progressivement, dès que vous aurez une plage de liberté, que ce soit quelques secondes ou une demi-heure, vous y reviendrez spontanément. La pratique de la respiration consciente « envahira » alors votre temps de liberté jusqu'à devenir indispensable et joyeuse.

Les occasions dans la journée ne manquent pas. Ainsi, dans les transports en commun, au lieu de lire ou en alternance avec des périodes de lecture, pratiquez quelques minutes de respiration consciente. Elles seront souvent plus efficaces pour résoudre vos problèmes qu'une rumination intellectuelle stérile qui peut parfois durer des heures sans rien vous apporter, sinon plus d'énervement face à votre impuissance à trouver une solution. Plus vous vous crisperez, plus vous serez tendu nerveusement, moins vous parviendrez à votre *eurêka* personnel.

Au lieu de cela, installez-vous le plus confortablement possible, en fermant ou non les yeux, détendez votre corps et portez votre attention sur le rythme *naturel* (nous insistons bien sur ce terme) de votre respiration. Votre nervosité ne tardera pas à disparaître, votre esprit à se clarifier et à vous faire accéder à un autre niveau de votre réalité. Bien souvent quand vous arriverez à votre destination, vous serez, au minimum, détendu et, bien souvent, pourvu d'une résolution plus ferme pour aller de l'avant. Votre fermeté durera le temps que vous serez capable d'accorder à la respiration consciente. Vous pouvez agir de même au bureau, quand vous allez satisfaire un besoin urgent, ou quand vous attendez l'ouverture d'un cinéma.

S'endormir éveillé

De même, le soir quand vous rentrez, plutôt que d'allumer automatiquement la radio, de vous faire à manger comme un zombie ou de suivre un film inintéressant, concentrez-vous plutôt sur chacun de vos gestes en suivant votre respiration. Pratiquez des activités simples : lire, bricoler, marcher, écouter de la musique... qui vous permettent de vous concentrer facilement sur votre respiration sans être dérangé.

Réinvestir sa vie

Vous vivrez ainsi votre vie plus pleinement, vous apprendrez à vous accepter et à vous aimer, condition indispensable pour aimer l'autre et vous ouvrir à lui. Vos moments de solitude ne seront plus alors des tranches d'enfer que vous attendrez avec angoisse mais des instants privilégiés que vous vivrez avec délectation. La conscience et l'esprit éveillé qui se forgeront alors vous transformeront obligatoirement. Ce que vous n'acceptiez pas chez vous : vos défauts, vos peurs, vos inhibitions, votre peur de l'autre... se modifieront et vous permettront de vous épanouir pleinement.

Vous réinvestirez votre esprit, votre corps et votre vie qui ne seront plus un désert d'isolement stérile mais une terre féconde d'où surgiront vos fleurs intérieures. Toutes les activités physiques ou intellectuelles solitaires seront de magnifiques opportunités de renaître à vous-même : la marche, la natation, la visite des musées, la contemplation de la nature, le fait de simplement s'asseoir longuement sur un banc, une soirée solitaire... ne vous feront plus peur.

Ces instants privilégiés vous permettront de vivre plus intensément vos contacts avec vos frères humains et réduiront la distance qui s'était installée entre vous et les autres. Vous sauvegardez ainsi votre indépendance et votre liberté d'action sans pour autant devenir misanthrope. Au contraire, cette forme de solitude, une fois pleinement acceptée et créatrice, vous fera beaucoup mieux aimer le monde et les êtres qui vous entourent. Vous pourrez ainsi vivre dans le désert humain que sont souvent les sociétés modernes, et même en plein milieu de la foule, avec davantage de force intérieure. L'indifférence au malheur de l'autre ne sera plus ancrée en vous comme en ces centaines de milliers de personnes émues devant le spectacle de la pauvreté qui déferle sur leur écran mais insensibles à la détresse de celui qui tend la main au bas de leur immeuble.

La sensibilité du « solitaire conscient » est aiguë et accessible au désespoir de celui qui vit dans un véritable isolement sans doute parce qu'il l'a connu lui aussi un jour ou qu'il le vit encore. Il se reconnaît dans le plus « pauvre » que lui car il expérimente sa souffrance en même temps que lui. Par un effet miroir, il accède alors à ses propres faiblesses qu'il alchimise pour étendre son territoire de conscience et investir plus complètement la Réalité ultime et sa propre nature dont il se rapproche par sa solitude féconde ouverte à la fois sur l'intérieur et sur l'extérieur.

Celui qui arrive à percevoir cette solitude fondamentale de l'homme n'est pas loin d'atteindre le statut de l'éveillé qui a transcendé toutes les réalités subjectives et qui voit dans sa véritable nature aussi celle du monde qui l'entoure. La vigilance permanente de sa conscience lui fait vivre sa danse cosmique chaque jour spontanément et naturellement pour son bien et celui de tous.

Cet état ultime que certains appellent l'éveil est à la portée de tout un chacun. Le solitaire conscient est capable de vivre pleinement et profondément chaque instant de son chemin de solitude. Chaque fois qu'il s'égare, le solitaire doit revenir à la maîtrise de sa respiration qui est le fil d'Ariane qui relie sa conscience au souffle du cosmos.

Vivre dans le désert humain

Ce chemin de la solitude dans la cité sera complet et bénéfique si le solitaire profite de chaque moment libre pour se contempler lui-même dans des lieux isolés dépourvus de toute présence humaine.

Il est bon de pratiquer régulièrement des retraits du monde pour se retrouver face à soi-même sans aucune autre présence humaine qui pourrait servir d'alibi à nos propres insuffisances. Nul besoin pour s'isoler de participer à des retraites ou à des séminaires coûteux ou bien de se rendre dans un monastère ou un centre spirituel. La nature sauvage est le plus beau centre de retraite qui existe.

Il n'est pas difficile de trouver son centre de retraite personnel même si l'on habite dans une ville ; un site naturel où vous n'avez besoin que d'une toile de tente et de quelques provisions pour vous isoler complètement dans votre désert humain suffit. Choisissez un lieu que vous aimez particulièrement et qui est peu fréquenté. Plus votre désert humain sera dépouillé, mieux ce sera.

S'il vous est possible d'aller dans un véritable désert à l'étranger, c'est aussi très bien. Mais vous pouvez trouver même en France, que ce soit en montagne ou dans le centre du pays, des « déserts » végétaux où le minéral règne en maître. Il n'est pas question ici de proposer des exercices à effectuer dans la nature, ce qui est déjà fait dans d'autres chapitres. La nature sert ici de cadre à l'observation consciente et permanente de soi-même sur une longue période. Un week-end, voire même une seule journée, suffit pour accéder à un autre niveau de conscience d'une façon plus ou moins constante.

Pratiquer le retrait des sens

Il faut bien sûr se retrouver dans une solitude totale, donc avoir des provisions pour au moins une journée entière afin d'avoir le moins de contacts possible avec des êtres vivants. Cette « clause » comprend même les animaux et les végétaux qui peuvent vous distraire dans ce chemin de solitude. Évidemment, quand nous parlons de désert végétal, il faut relativiser, surtout sous nos climats tempérés. Disons qu'il faut privilégier un lieu élevé, avec peu de végétation et d'où la vue porte très loin.

Il faut pratiquer un isolement des sens le plus complet possible. En effet, plus vous aurez d'éléments dans le paysage, plus vous serez tenté d'y faire porter votre attention et plus il vous sera difficile de pratiquer l'observation intérieure. Ce retrait des sens est un point capital car il évite en grande partie la distraction de l'esprit. Ce chemin de solitude doit donc être total. Une grotte ou un renfoncement dans une paroi rocheuse peut être un lieu idéal pour le retrait des sens car vous pouvez faire face à un mur de pierre si le paysage vous distrait trop.

Il convient absolument de s'éloigner de son environnement habituel et de toute présence humaine qui provoquent la distraction et nous détournent de notre être véritable. Ce qui ne peut se faire que par un retour à soi-même si difficile au milieu de la foule, de son bruissement, de ses concepts et de ses illusions.

La technique de l'observation consciente

Une fois installé, que ce soit allongé sur une couverture, sur la roche si l'endroit n'est pas trop humide, assis sur le siège ou en lotus, commencez votre observation intérieure. Votre position corporelle ne doit pas vous poser de problème et être un facteur de distraction. Si, au début, vous n'êtes pas capable de rester plus de dix minutes en lotus, asseyez-vous plus simplement sur un siège.

En maintenant votre conscience sur votre respiration comme axe de référence, laissez les pensées défiler. Concentrez-vous sur leur « tonalité » plutôt que sur leur contenu, c'est-à-dire sur la perception que vous en avez. Sont-elles agréables, désagréables, neutres ?

Contentez-vous de noter l'arrivée de chaque pensée. Bien sûr, au début vous serez emporté par un flot de pensées en tous genres, certaines profondes, d'autres futiles. Ce n'est pas important. Ce qui compte c'est de pratiquer leur observation consciente. Notez simplement l'arrivée de chaque pensée sans vous inquiéter de sa tonalité agréable ou désagréable. Avec l'habitude, vous verrez plus clairement le début, la durée et la fin de chacune d'entre elles, comme des images, des séquences du film se déroulant dans votre cerveau.

Commencez par des périodes de trente minutes entrecoupées de promenades dans la nature ou des phases de repos. En parcourant les espaces autour de votre « ermitage », vous remarquerez peu à peu de plus en plus de choses même si vous êtes dans un désert humain et végétal. La moindre anfractuosité, la moindre roche, le moindre brin d'herbe vous seront progressivement de plus en plus visibles et vous apparaîtront dans toute leur vivacité.

Mieux, après quelques séances d'observation consciente, vous aurez l'impression de faire partie de cette nature minérale ou végétale, de vous y fondre, d'être non pas au-dessus d'elle mais un élément complémentaire dans la structure de l'univers.

N'analysez pas ce qui vous arrive intellectuellement, vivez-le avec tous les pores de votre être. Votre champ de conscience se déploiera pour embrasser à la fois le microcosme et le macrocosme. Peut-être même connaîtrez-vous l'éveil, comme ce sage chinois qui perçut l'Incommensurable Lumière en regardant un brin d'herbe !

Il arrivera certainement pendant ces phases d'observation consciente que la tonalité d'une émotion particulière finisse par vous obséder et occupe tout votre champ de conscience. En général, les perceptions les plus fortes concernent les sentiments négatifs : la colère, la jalousie, l'envie, le découragement, l'impatience...

La première réaction à ces apparitions doit être la joie du moine qui découvre une faille en lui. Chaque perception négative vous donne une occasion de travailler sur vous-même et d'ôter un des voiles de l'illusion qui vous empêche de percevoir directement la Réalité. L'émotion qui surgit dépendra bien sûr de chacun mais elle sera de toute façon forte, douloureuse et essaiera de vous balayer et de vous faire abandonner votre observation solitaire en insérant en vous le doute. Ainsi des questions comme « Mais, qu'est-ce que je fais là ? », « Cela ne sert à rien », « Je serais bien mieux assis devant ma télé ! », « Quand je pense au lit douillet qui m'attend chez moi ! »... surgiront. Vous connaîtrez des périodes de tentation comme saint Antoine dans le désert. De votre capacité à les surmonter dépendra la profondeur de votre élévation de conscience.

Cette lutte intérieure solitaire portera ses fruits si vous êtes véritablement porté par un instinct mystique. Vous serez alors en face de vos vraies motivations sans faux-semblant ni possibilité de faux-fuyant. Après la joie d'avoir découvert une faille en vous, doit arriver le questionnement : « Pourquoi cette colère, envie, jalousie... monte-t-elle en ce moment en moi ? » Cette interrogation et sa solution sont fondamentales car dans votre désert de solitude vous n'avez, contrairement à votre vie habituelle dans la cité, aucun bouc émissaire sous la main.

Fécondez votre terre

D'habitude, quand un sentiment négatif, un échec ou un de nos défauts nous submergent, nous cherchons en général à en faire porter la responsabilité à l' « autre », que ce soit son conjoint, son enfant, son chef de bureau, son patron, la société, la religion, la politique, la pollution... Ici, ce n'est pas possible, nous sommes face à nous-même et nous sommes obligé de trouver la solution en nous.

Pourquoi telle perception négative nous possède-t-elle en cet instant alors qu'aucun élément extérieur ne la provoque ? Qu'est-ce qui, en nous, provoque colère, jalousie, envie, désir sexuel, boulimie... ? Avec quelle partie de notre part d'ombre résonne cette faille ?

Ici, plusieurs solutions se présentent à vous en fonction de votre degré d'évolution spirituelle. Au début, vous serez souvent tenté de tout envoyer promener et de retrouver la société humaine et votre confort habituel. Si c'est votre cas, nulle honte à avoir. Nous sommes des êtres humains avec leurs faiblesses. Pas question ici de vous jeter la première pierre.

Cependant, si vous êtes sincère avec vous-même, votre soif d'absolu finira par vous reprendre. Vous aurez envie de l'étancher et vous reviendrez à votre désert de solitude. Le plus important n'est pas le temps que vous y passez mais la régularité de vos tentatives. Démarrez doucement au début. Passez d'une journée, voire même d'une demi-journée, à un week-end puis une semaine, et peut-être plus. Une fois la graine plantée, elle voudra croître et vous voudrez alors la faire germer afin qu'elle porte des fruits. Vous êtes la terre à féconder. Rendez-la fertile par une pratique régulière. Ce n'est pas le temps qui vous sera compté mais la sincérité de votre démarche.

Quand vous arriverez à soutenir le regard intérieur d'une perception négative, vous pourrez, en fonction de vos croyances, continuer à la contempler sans porter de jugement sur elle. Elle finira par se dissoudre ou se transformer pour votre plus grand bénéfice.

Vous pouvez aussi prier quand l'émotion apparaît. Reprenez, si vous n'en connaissez pas d'autre, les prières de votre enfance, le *Notre Père* ou le *Je vous salue, Marie*. Si vous n'êtes pas catholique, prenez une prière juive, islamique, orthodoxe, protestante... Ce qui importe n'est pas tant le contenu de la prière que l'authenticité de votre récitation à haute voix ou en votre for intérieur. Soyez conscient de la signification de chaque mot et prononcez-le intensément.

En agissant ainsi, beaucoup d'ermites et de sages ont « vu » Dieu, ont été touchés par la Grâce ou ont connu l'Illumination. Si cela n'arrive pas les premières fois – rassurez-vous, c'est très rare – ne vous découragez pas, c'est que vous avez encore un peu de chemin à parcourir. Pratiquez alors les qualités décrites dans le chapitre 1 : le courage, la confiance en soi, la discipline, la disponibilité, la volonté et l'humour.

Pratiquez-les isolément ou combinez-en deux ou plusieurs, et vous progresserez inévitablement. Vous vous immergerez alors progressivement dans la Grâce divine, dans la Claire Lumière, dans le Cosmos, dans le Surhumain, dans le Tout ou dans le Rien... en fonction de vos croyances !

N'analysez pas, plongez dans cette nouvelle réalité qui s'ouvre à vous, franchissez votre propre miroir sans retenue, et vous danserez votre vie. Votre philosophie personnelle, vos convictions, vos jugements évolueront et vous permettront de vous orienter plus judicieusement sur votre chemin de solitude.

Trouvez votre propre nourriture

Une remarque sur la nourriture car elle sera une des plus fortes tentations qui s'offrira à vous. Il faut bien sûr adopter une alimentation légère et la plus naturelle possible. Le végétarisme n'est pas obligatoire mais évitez des aliments trop gras ou qui demandent une cuisson. Plus l'aliment sera consommé cru, plus il vous apportera l'énergie indispensable. Légumes, crudités, viandes ou poissons froids, fruits frais ou secs, laitages sont particulièrement recommandés. Buvez de l'eau, des jus de fruits ou du lait. Évitez principalement la charcuterie, les gâteaux, les graisses animales et l'alcool. Au début, si une fringale vous prend, jetez-vous plutôt sur des fruits que sur des confiseries. Un corps trop lourd, trop imbibé de nourritures terrestres ne peut pas s'élever.

Pratiquez le jeûne solide si vous en avez l'habitude mais toujours en buvant beaucoup (de l'eau de préférence) pour éviter tout problème physiologique. Le jeûne n'est cependant pas une condition *sine qua non.* Ce point sur la nourriture est important car c'est souvent sur elle que nous nous jetons quand nous avons un problème spirituel, affectif, professionnel...

L'aliment apaise superficiellement notre « faim » intérieure mais la sensation de satiété ne dure pas longtemps et nous mangeons à nouveau tant que nous n'avons pas trouvé la faille en nous. Ici, dans notre désert humain personnel, quand une faille apparaît, il n'est plus possible de compenser par la nourriture et nous sommes obligés d'aller jusqu'à la vraie raison spirituelle de notre accès de gourmandise intérieure pour l'assouvir véritablement.

La sensation de manque qui apparaît souvent dans ces périodes d'observation consciente est une formidable opportunité de progresser car nous sommes alors poussés à compenser non plus par une nourriture solide mais spirituelle qui peut être la contemplation, la prière, le chant ou la récitation de *mantras*. Votre soif d'absolu trouvera alors les vraies nourritures qu'elle désirait et vous ouvrira de nouveaux champs de conscience.

La pratique du solitaire accompli

Vous pouvez donc pratiquer alternativement le chemin de la méditation du temps libre et celui du désert humain pour faire de votre solitude un atout. Votre retrait volontaire ou involontaire du monde deviendra, non plus un fardeau, mais une opportunité constamment renouvelée de vous rapprocher de votre véritable nature à condition de respecter les conditions d'isolement décrites ci-dessus.

Cette voie n'est pas réservée aux ermites mais à toute personne désireuse de véritablement se découvrir en se mettant en dehors de ses conditions habituelles de vie, de la société humaine et de ses sollicitations qui nous poussent plus souvent à la dispersion qu'à l'introversion.

La solitude dont nous parlons n'a rien à voir avec l'isolement, l'individualisme ou l'égoïsme dans la mesure où elle vous permettra de vivre plus harmonieusement votre voie de développement personnel et vous rapprochera de vos frères humains non pas d'une façon superficielle mais profondément compatissante. Chemin qui n'intéresse ni l'égoïste ni l'individualiste qui se retranche dans sa prison invisible et ne vit que pour lui-même.

Le solitaire accompli voit le monde tel qu'il est et non tel qu'il l'imagine. Il sait que l'homme est fondamentalement seul mais aussi relié à toutes les parties de l'univers. Il voit la manifestation de l'absolu dans le plus petit phénomène. Il traverse la vie en paix avec lui-même et avec les autres. Il ne peut pas aimer Dieu s'il n'aime pas son prochain, comme le déclarait saint Jean l'Évangéliste. Il ne peut pas faire un plus beau sacrifice que celui de son propre corps et de son propre esprit en se retranchant du monde, que ce soit dans le désert spirituel de nos villes modernes ou dans le désert humain au sein de la nature.

Il n'hésite pas à dénoncer comme illusoires les valeurs qui fondent artificiellement les bases de la société : pouvoir, argent, qualification, promotion, sécurité. Il s'isole volontairement du monde matériel même s'il y est plongé quotidiennement sans se laisser prendre à ses pièges. Il sait ou il découvre par l'expérience qu'il sera toujours en dehors du circuit de la réussite sociale et de la célébrité. Il vit avec humilité et son seul prosélytisme est son mode de vie discret et sa parole rare mais juste. Il fuit les grandes manifestations, les grands discours pompeux et la lumière des projecteurs. Il devient un pilier du monde aussi nécessaire à la survie du reste de l'humanité que la nature, l'eau, l'air et tous les éléments nécessaires à notre vie. Même si vous ne le voyez pas, vous ne l'entendez pas, vous ne le touchez pas, vous ne connaissez pas son nom; lui, voit, entend, et touche la souffrance et l'âme de ceux qui l'entourent. Son âme, ses sens, ses pensées, ses émotions... tout son être est tourné vers l'absolu. Il nous y entraîne, que nous le voulions ou non. Il cultive les valeurs que nous rejetons habituellement : la pauvreté, l'humilité, la discrétion, la non-violence. On le traite souvent de marginal mais il n'en a cure car la seule opinion qui lui importe est celle de Dieu ou de ce qui constitue la Suprême Valeur pour laquelle il vit. Il est un phare de l'humanité. Il brille sans se demander pourquoi, parce que sa fonction est de briller. Un point c'est tout.

Chapitre 10

Le pouvoir du silence

Le silence peut aider à l'extase. Le silence EST extase, il en est l'essence même. Mais atteindre ce silence n'est pas si facile que cela ! Parler du silence dans le domaine spirituel renvoie bien souvent à l'image d'Épinal du moine qui se recueille au fond de sa cellule, à l'abri d'un monastère, d'un temple ou d'un *ashram*.

Le véritable monastère n'est-il pas notre corps ? Il est dit, dans la Kabbale, que le corps de l'homme est un temple, créé à l'image de l'univers, lui-même créé par le Dieu tout-puissant.

On retrouve dans cette analogie frappante l'idée traditionnelle du microcosme en relation avec le macrocosme, l'infiniment petit et l'infiniment grand si chers à Pascal.

Il est d'autant plus important à notre époque si tourmentée de veiller à ce que le silence agisse au fond de nous, permettant à l'éveil (si tant est que nous puissions encore y accéder !) de prendre source dans notre cœur. Car le cœur est bien sûr le réceptacle par excellence du vrai silence. Les pratiquants de l'*Hésychasme*, la prière du cœur des moines orthodoxes, le savent bien. Une vraie prière, une prière vraie, prendra appui sur le silence. Elle sera même génératrice d'un pur silence de qualité, d'un haut silence qualitatif.

Et ce silence renvoie au vide, à l'ultime vacuité qui ordonne toute vie, toute émotion et toute pensée.

L'harmonie du Tao

Faire silence en soi-même permet de mieux appréhender les manifestations phénoménales du monde. La douleur et l'ennui sont évacués par le silence. On voit plus clair, en transparence, à travers le magma informel et souvent cahotant de sa propre existence. On comprend par là qu'atteindre le vrai silence peut aider l'être à s'éveiller et à sortir de son bourbier, lequel n'est que la projection fantasmatique de ses pensées désordonnées.

Les pensées agissant sur le monde, il convient que le mental puisse fonctionner dans l'équilibre et dans la joie.

Une intense perception du silence fait le vide et « nettoie », purifie le *karma* et clarifie la confusion.

Gardons bien à l'esprit cependant la relation directe entre le souffle et le silence. La respiration est forcément silencieuse. Le silence « physique » ne suffit pas si l'on veut pratiquer une véritable méditation. Le silence doit être intériorisé afin de faire le vide en soi et d'élaguer paisiblement le flot désordonné des pensées et des émotions. L'univers grandit peu à peu dans la conscience, au fur et à mesure que s'inclinent les pensées, laissant la place à l'énergie, à l'espace infini du Tao éternel.

Le silence doit être calme, lumineux et paisible. Jamais il ne doit être tendu, opaque, insécurisant. Chaque être est responsable de la qualité du silence qu'il se donne ou qu'il offre aux autres. Par là même le silence offert est une métaphore du don et du travail de compassion. Car il est vrai que le silence peut soulager et même guérir. Si le rire est capable d'accélérer le processus d'autoguérison chez certains grands malades, le silence peut aussi accomplir des « miracles ». La joie est la manifestation heureuse d'un silence dévoilé. Même si la joie peut explorer, devenir bruyante, extravertie, ce qui a donné naissance à ce sentiment de complétude et de bonheur est du domaine du recueillement, voire du mystère, et assurément du silence. Car le cœur ne dit rien, le cœur songe en lui-même. Cette prière perpétuelle, à l'image du cosmos, du divin univers, tourne en rond sur elle-même, comme une spirale à l'infini, comme un derviche pris par l'Amour et qui jamais ne cesse la danse.

La méditation corporelle

L'utilisation du silence est essentielle dans la musicothérapie comme dans toute autre méthode de développement personnel. J'ai souvent constaté sa vertu apaisante lors des séances de magnétisme et d'énergothérapie. Le silence possède une densité particulière. On pourrait dire qu'il est palpable, que notre corps peut le saisir. Regardez comme les plantes sont toujours silencieuses ! Et pourtant elles disent tout et leur présence vous électrise. Car l'énergie est silencieuse, mais d'un silence assourdissant, d'une insoutenable intensité.

Au commencement était le Silence. On se sent déjà mieux car cela « coule de source ».

Au commencement... il n'y eut jamais de commencement. Le silence ne commença jamais. Le silence ne peut être puisque rien ne peut être. Nous parlons dans le vide, dans le néant des origines qui n'ont ni fin ni commencement.

Méditez sur ces phrases. Cet exercice est semblable à la méditation bouddhiste des *koans*. Le compositeur américain John Cage, dont un des livres s'intitule justement *Silence*, était sensible à cette manipulation radicale des principes du langage. Puisque le moi se substitue à l'Univers intemporel, autant jouer avec lui et ainsi renouer avec cette jouissance originelle que les hindous dénomment *Lilâ*, danse de Shiva et Jeu du Monde.

Le silence est lié à la vertu, à une pureté certaine de cœur, au lâcher prise des émotions, au paradis d'inconnaissance. L'attitude silencieuse participe d'une éthique. Pourquoi parler quand je ne sais rien ? « Celui qui sait ne parle pas » (*Tao-tê-king*).

Le corps exprime sa connaissance. Les mouvements de la main, les pulsions du visage, l'attitude corporelle, la façon de marcher, de saisir un objet, autant de signes indicateurs qui en disent long sur la personne. Mais attention aux projections ! On peut se voir soi-même à travers l'autre, en transparence. Évitons donc la confusion et sachons distinguer la part de soi et celle de l'autre.

La quête du Graal et l'Incréé

Les cérémonies druidiques sont souvent silencieuses. L'un de nous peut parfois, quand il sent le moment venu, jouer de la harpe ou de la flûte. Certaines cérémonies durant parfois plus de trois heures, il nous est agréable d'écouter un morceau. De fait, il se produit alors un étrange phénomène. Quand la musique (cornemuse, tambour, harpe...) se fait entendre, c'est toujours le silence. Nous sommes si concentrés, et en même temps fort détachés, que pour nous l'Univers, le splendide Incréé, est à la fois vaste musique, concert païen, chœur angélique, transparence abyssale et silence diamantin, au-delà même du mot « silence ».

Le rire des fées est une musique, une symphonie de vibrations aussi subtiles que guérisseuses. Le silence est sensuel, aussi tangible que l'air du temps quand c'est le souffle qui nous pousse à être plus qu'une apparence. Ainsi le Druide connaît la science des sons divins et du silence. L'Univers fut créé par les trois cris sonores, les trois rayons de lumière blanche (qui peu à peu devint dorée). C'est le *Tribann* que portent au front – à la hauteur du troisième œil – nos frères et sœurs en vrai druidisme.

On pourrait encore longuement évoquer le silence et ses nombreuses implications dans une multitude de domaines passionnants. Le silence et la cérémonie du thé, le silence et l'art du tir à l'arc, le silence et la peinture, le silence et le risque (parachutisme ou alpinisme), le silence et la physique des particules, le silence et la grâce, le silence et la contemplation des fleurs ou des pierres précieuses, le silence et la guérison...

Le traité du Silence reste encore à écrire. Est-ce vraiment nécessaire ? Qui pourra le comprendre ?

Le silence de chacun à chaque instant est différent. Car sa richesse est infinie. Il peut guérir et consoler, apporter le bonheur, la santé et la force.

Le silence et l'amour sont de belles énergies. Voici la Vie à l'état pur, la Vie sublime et indicible.

Le silence et le rire dans l'amour sont complices. Qui peut guérir sans aimer l'autre ? La musique des étoiles est un rire silencieux.

La musique intérieure

Si certaines musiques ont la capacité de nous détendre et de nous relaxer, le silence est aussi une musique essentielle. La musique de l'esprit est souvent silencieuse. Quand s'arrêtent les pensées, quand naît le vide dans la conscience, un espace s'organise où surgit le silence. Pour qu'il soit réellement une source d'enseignement, nous conseillons de méditer sur les vertus de ce silence. Nous pouvons même aller plus loin et décider de provoquer cette émergence de l'harmonie.

Il n'est pas nécessaire qu'un exercice de concentration soit hermétique et compliqué. La simplicité est sœur de la profondeur. Le chemin le plus court est toujours une ligne droite.

Fermez les yeux et respirez. Vous êtes assis dans un fauteuil ou sur une chaise, le dos bien droit, les mains posées sur vos genoux. Commencez par une série de longues et fortes inspirations, et de profondes expirations. Votre souffle descend au niveau du *Hara*. Dirigez mentalement votre respiration au-dessous du nombril, dans cette zone de chaleur où la force s'éveille. C'est dans cette « mer de l'énergie » que vos racines vont prendre assise.

Mentalement, détachez-vous du monde, des bruits et des odeurs, des sensations tactiles, du flux incessant des pensées. Ces phénomènes sont transparents. Laissez-vous gagner à votre tour par cette transparence. La chaleur bienfaisante que vous pouvez toujours sentir au niveau de votre *Hara* va s'élever peu à peu et imprégner le corps entier. Devenez cette chaleur, laissez-vous porter par le rythme de la Vie. Les images passent dans le cerveau comme des rêves surgis de nulle part. Le désert est en vous et vous êtes le désert.

Continuez simplement de respirer silencieusement.

Ne vous attachez pas aux sensations du corps ni aux appels de la pensée. Laissez votre mental à l'écart. Le vide est l'enfant du silence. La musique intérieure des pensées déguisées n'est rien d'autre que le vide en mouvement immobile.

L'audition essentielle

Le lecteur peut être en droit de se demander : comment se peut-il qu'un mouvement soit immobile ? N'est-ce pas ici un paradoxe ? Et comment une musique pourrait-elle être silencieuse ?

La musique est du silence actif. Le silence est le cœur de la musique. De même la vacuité, le non-être absolu, sont-ils la source de toute vie. Plus il y a de silence, de non-être et de vide – l'insurpassable empire d'une origine sans origine ! –, plus l'existence se manifeste et plus le corps en est conscient. Car c'est le corps qui pense la vie. Le corps pense et agit ; il compose la musique. La musique vient du cœur ; nous l'entendons avec notre âme. Qui écoute qui ? Qui écoute réellement ? Dans cette écoute, dans ce silence, cette attention exquise à l'autre (ce reflet de soi-même, cet autre monde en perspective), la vie se crée, se multiplie.

L'origine de la conscience est encore bien mystérieuse. Le silence existe-t-il ? L'exercice précédent déconstruit le mental. Il utilise les lois du corps (juste posture, respiration) pour accéder au dépassement. Ce qui est essentiel se trouve toujours au-delà. Ainsi, après une audition sublime, quand nous avons vraiment vibré en écoutant une belle musique, ce sont ces quelques infimes secondes de silence qui suivent notre audition qui vont permettre à notre esprit d'accéder aux délices de la Joie reconquise.

Le silence né du cœur

Parmi les judicieux moyens permettant d'accéder au silence intérieur, l'utilisation des *mantras* facilite le chemin, l'ouverture vers soi-même. La prononciation répétitive de certaines formules sacrées investit la conscience d'une dimension transpersonnelle. L'émotion nous submerge, comme dans la récitation incessante du *mantra* de Tchenrézi (*Om Mani Pedme Hung*), quand la parole travaille au cœur, formulation sonore et vibrante d'un authentique *bhakti-yoga*. Cependant, comme dans la prière du cœur des moines orthodoxes, le célèbre *Hésychasme*, il arrive un moment où s'efface la fusion, où l'émotion est si intense qu'elle se surpasse et devient Vide. Nous constatons une fois encore que le silence provient du cœur. La cessation de la pensée, l'arrêt des formes de la raison facilitent l'ascension de l'insigne vacuité. Puisque Dieu et le vide sont unis dans l'Absence. Quand cessent les formes, les phénomènes, les jeux fictifs de l'illusion. Le vide surgit dans la nature à mesure que s'estompent les reflets du hasard. Le silence naît dans la musique et dans le cœur du musicien, entre les notes de l'infini, parmi les vagues intemporelles d'un rythme fluide et planétaire.

Le rituel du silence intérieur

Cet exercice va vous permettre de lâcher prise et de faire abstraction des difficultés matérielles et existentielles.

Sachez qu'il y a en vous une source infinie de puissance et de joie. Vous pouvez contacter, si vous le désirez, cette centrale d'énergie. Pour ce faire, commencez simplement par observer votre respiration. Écoutez les battements de votre cœur.

Inspirez l'univers, le « pouvoir » de la Terre.

Aucun bruit ne doit plus jamais vous déranger.

Les bruits deviennent de la musique. Le moteur d'une voiture ou les cris des voisins ne pourront plus vous perturber.

Le silence intérieur vous permet de transmuter le bruit en son. Ce son se fixe dans la conscience. Vous devenez le créateur de votre propre symphonie. Votre musique intérieure va devenir peu à peu un long chant silencieux.

Le silence est un souffle et un champ d'énergie.

N'oubliez pas que le silence est relié directement à la perception du vide. Cette perception du vide s'avère fondamentale pour l'équilibre de l'être humain. Chaque atome ou cellule qui forme la matière est composé essentiellement de vide, d'antimatière.

Cette perception lucide et détachée de l'antimatière a permis à l'astrophysique moderne d'appréhender les fabuleuses conséquences de la physique quantique. Ce que savaient intuitivement depuis des siècles les moines zen ou tibétains.

La méditation se fait dans le silence. Une méditation réussie est capable de transformer n'importe quel charivari en musique délicieuse, extatique et subtile.

Le silence intérieur amène la joie, le détachement.

Les difficultés quotidiennes ne vous heurteront plus de face, mais glisseront sur vous comme de l'eau sur une plume.

Le silence est lié à l'eau et à l'air.

La musique est liée au feu et à la terre.

La danse est plus spécifiquement liée au feu et à l'air.

Les arts martiaux sont liés au feu et à la terre.

Chaque instant est silence. Votre perception du temps va s'en trouver modifiée. Nous verrons dans un autre exercice de quelle manière transformer le temps.

Portez votre attention sur le souffle, le respir. Inspirez calmement, ressentez l'oxygène qui descend dans vos poumons, contractez le *Hara*, fixez fugitivement un point entre vos sourcils.

Le silence peu à peu va prendre corps et épaisseur.

Le silence devient corps, énergie, force vitale. Cette énergie est votre joie, votre bonheur, votre profonde sérénité.

Désormais, en n'importe quelle circonstance, le silence deviendra votre allié pacifique. Le silence est une force dynamique et puissante. Prenez soin de cette force. Maîtrisez le silence. Il pourra vous guider jusqu'au cœur de la Vie.

Chapitre 11

Le voyage intérieur et voyage extérieur

Le voyage peut se révéler une formidable voie pour atteindre d'autres niveaux de conscience et mieux appréhender la réalité qui nous entoure en utilisant au maximum toutes nos capacités spirituelles et sensorielles. Voyager permet de développer pleinement ces dernières pour déchirer les voiles de l'illusion qui nous empêchent d'atteindre notre vraie nature.

En pratiquant nos conseils et nos exercices, vous apprendrez à mieux maîtriser votre voyage au quotidien, à être plus fort devant les épreuves et à faire à chaque moment le geste idéal. Pour paraphraser la célèbre formule anglo-saxonne : « The right man at the right place » (l'homme qui convient à la place qui lui convient), nous pouvons aussi dire : « Accomplir le bon acte au bon moment ».

Vous arriverez ainsi à une harmonie entre votre âme, votre esprit et votre corps qui vous donnera à chaque instant la solution à chaque situation. Vous pouvez atteindre un stade de perpétuelle joie consciente.

S'ouvrir à l'autre

Partir à l'étranger, s'extraire de notre environnement habituel et de nous-mêmes, peut se révéler une formidable clé d'ouverture de la porte des différents mondes et nous mener sur nos chemins intérieurs. Il s'agit ici de parler non seulement du voyage sur des lieux sacrés mais aussi du tourisme en général. De même, voyager peut simplement signifier se déplacer dans notre pays ou rencontrer des étrangers vivants sur notre sol.

D'après des statistiques récentes, il n'y aurait que 20 % des Français qui prendraient l'avion chaque année. Alors que la France est l'un des pays les plus visités par les étrangers.

Pourrait-on voir dans ces données une des raisons pour lesquelles les Français occupent les dernières places en Europe dans la catégorie « hospitalité » ? En effet, si les étrangers aiment la France, ils ne portent pas un jugement aussi flatteur sur ses habitants ! Les Français sont décrits à l'envi comme râleurs, peu aimables et inamicaux envers les autres, que ce soient des touristes ou des résidents de plus ou moins longue date sur notre territoire... surtout si ces derniers ne maîtrisent pas notre langue. Les citoyens de l'Hexagone ne peuvent pas comprendre que quelqu'un ne parle pas la langue de Molière. Le français, pourtant, n'est pas la langue la plus parlée au monde. Au classement mondial, elle arrive après l'anglais, l'espagnol, le chinois, le russe.

Bref, l'hospitalité, au moins dans les villes, n'est pas la qualité première du Gaulois – notons que cela n'a pas toujours été le cas. En contrepoint, il suffit de voir combien de nombreux pays ont gardé une tradition hospitalière forte (paradoxalement souvent dans les contrées les plus pauvres de la planète).

Par hospitalité nous n'entendons pas ici, bien entendu, les contacts commerciaux que l'on peut avoir avec les professionnels de l'accueil (agences de tourisme, aéroport, hôtels, restaurants, clubs de vacances...) qui, certes, peuvent être par nature prévenants, mais dont c'est avant tout le gagne-pain.

Le voyage peut donc commencer ici même en s'ouvrant à l'autre, à celui qui n'est pas originaire de notre pays. C'est un bon moyen de mieux comprendre la situation dans laquelle nous nous retrouvons quand nous-même nous décidons de visiter un pays étranger. Les gens qui y vivent ont aussi leurs (pré)occupations, leur métier, leurs soucis. Ils ne sont pas à notre disposition, or souvent ils se démènent bien plus que nous dans les mêmes conditions pour nous donner un renseignement, nous indiquer un hôtel ou un restaurant, voire nous accompagner personnellement jusqu'à l'endroit où nous voulons nous rendre.

Agissons donc ici avec les touristes ou les résidents étrangers comme nous voudrions qu'ils le fassent quand il peut nous arriver de nous trouver sur une terre, un pays ou une ville inconnus où nous n'avons pas nos repères habituels. Cette conduite empathique est le meilleur moyen de nous ouvrir à l'autre, de comprendre ses problèmes et finalement de mieux nous comprendre nous-mêmes.

Partir, école de tolérance

Ainsi, dans le voyage, on peut expérimenter l'ouverture d'esprit, la tolérance, la compréhension de l'autre mais aussi notre aptitude à nous adapter à un milieu inhabituel (culture, habitudes, mœurs différentes).

Le voyage peut agir comme un formidable miroir car il permet de tester notre niveau de spiritualité en nous aidant à déterminer quels sont nos travers, nos défauts, nos limites... Il est utile aussi pour savoir où l'on en est par rapport à ceux-ci. Vous pouvez ainsi mettre à l'épreuve (au choix) votre agressivité, votre impatience, votre paresse, votre esprit velléitaire... Pour cela, une seule solution : chercher à fréquenter des gens qui n'ont aucun intérêt particulier ou financier à vous rencontrer, bref monsieur ou madame Tout-le-monde, l'habitant...

Si vous vous prétendez ouvert et non raciste, vous pourrez ainsi voir si vous l'êtes vraiment. Combien de personnes tiennent un discours humaniste dans leur salon et, une fois sur le terrain, se montrent parfois aussi bornées que le plus réactionnaire des individus ! Tout ce que vous ne voulez pas voir remonter à la surface apparaîtra au grand jour : au choix, votre angoisse, nervosité, intolérance, paresse, jalousie, avidité, colère, manque de confiance en vous... C'est un grand bonheur que cette éruption du négatif car vous saurez ainsi ce que vous avez à travailler et quels défauts vous avez à transformer.

Dans le cas d'apparition d'une faiblesse, les moines

orthodoxes louent Dieu car Il leur montre ainsi ce qu'ils doivent changer. Adoptez ce comportement, laissez-vous aller, observez ce « défaut ». Acceptez-le et vous aurez fait un grand pas vers la guérison spirituelle.

Le voyage est aussi un bon moyen de se débarrasser de ses peurs. En particulier, de la souffrance et de la peur d'après les bouddhistes, qui viendraient de l'ignorance. Par ce mot, ils entendent bien sûr la méconnaissance de notre propre nature. Si nous sommes incarnés, c'est bien pour nous tester et apprendre à nous accomplir en tant qu'homme. Comment pourrions-nous le faire si nous n'étions que pur esprit ? C'est pourquoi nous devons éprouver notre âme au feu du quotidien par l'intermédiaire de nos sens.

Comme le dit un proverbe *bamiléké* : « Dieu ne fait qu'ébaucher l'homme, c'est sur la terre que chacun se crée. » L'ouverture à l'autre et le partage que l'on peut développer dans le voyage sont deux des vertus les plus élevées à cultiver dans un parcours spirituel.

Avoir l'esprit ouvert est un moyen formidable de progresser. Disons même qu'après l'Amour, la Compassion et la Tolérance, c'est la valeur fondamentale à développer. La rencontre d'autres modes de vie dans un contexte qui n'est pas notre univers quotidien est la façon la plus efficace de nous ouvrir et d'accéder au monde visible et invisible. En effet, il est important, de s'extraire de temps en temps, de notre univers quotidien et de casser la routine qui finit inexorablement par s'installer.

Le fait de découvrir des paysages inconnus ou de rencontrer des mœurs et des coutumes étrangères nous oblige à nous remettre en question, à relativiser notre mode de vie, à devenir plus tolérant. Nous avons ainsi beaucoup de leçons à apprendre de tous les peuples du monde. Le dialogue avec des étrangers n'ayant aucun intérêt commercial à discuter avec vous est un facteur important d'expansion de conscience. En ouvrant nos horizons, nous repoussons nos limites spirituelles et nous évitons la sclérose qui mène à une mort beaucoup plus grave que la mort physique : la mort spirituelle. Ainsi, en rencontrant d'autres modes de pensée, vous relativiserez le vôtre. Vous pourrez vous appuyer sur vos valeurs pour vivre mais sans en faire la Vérité, et en les remettant sans cesse en question. Si elles sont vraiment bonnes, vous n'avez rien à perdre en procédant à cette autoanalyse ; si elles s'avèrent erronées, vous progresserez d'autant plus vite et vous ne vous accrocherez plus à des branches pourries.

Préparation au voyage

Tout voyage demande, pour être pleinement satisfaisant, une bonne préparation. Dès que vous avez choisi une destination, essayez d'avoir le maximum de renseignements sur le pays où vous désirez vous rendre.

Il faut que vous ayez des informations sur la géographie, sur l'histoire passée et récente, sur les mœurs, la culture, la (ou les) religions... du peuple à qui vous allez rendre visite.

Sans forcément maîtriser à fond la langue du pays – si vous la parlez c'est bien sûr un gros avantage –, apprenez au moins les phrases les plus courantes, les formules de politesse et les gestes qui peuvent prêter à confusion ou paraître insultants pour les autochtones.

En effet, une personne étrangère appréciera toujours que vous parliez sa langue, même si ce ne sont que des expressions basiques. Au moins, sachez dire « bonjour », « au revoir », « comment allez-vous ? », « merci ». Cela facilitera vos contacts avec la population locale, même si vous vous faites accompagner d'un interprète.

Si possible, avant de partir, essayez de rencontrer des nationaux de ce pays habitant en France. Vous en apprendrez souvent plus en une rencontre qu'en lisant des tas de livres ou de la documentation. C'est aussi une bonne façon de nouer des contacts et d'avoir des adresses sur place. Les immigrés ont, souvent encore, de la famille dans leur pays d'origine et vous pouvez ainsi trouver un « guide » pour votre périple ou une maison d'accueil qui facilitera votre voyage. L'hospitalité est une des caractéristiques les plus communes à la grande famille humaine. Alors pourquoi négliger ce formidable facteur de communication, de connaissance, de changement d'état d'esprit vers le positif, qui permet d'atteindre un état de conscience supérieur de la réalité qui vous entoure ?

Il faut donc avant le départ se mettre dans les conditions positives pour partir. Ainsi, pendant le voyage, vous ne connaîtrez que peu de désagréments. Cela est certifié par nos expériences personnelles et par le témoignage de voyageurs qui sont partis avec un état d'esprit ouvert.

Sur place, prendre son temps

Ne faites pas partie de ces gens qui passent dans un pays à toute vitesse en voyage organisé, qui n'ont aucun contact avec les autochtones et qui se retrouvent comme des moutons sur des sites cent mille fois visités avant eux ou dans des hôtels quatre étoiles complètement européanisés.

Que peuvent-ils voir du pays ? Rien d'important, que le superficiel. Essayez dans la mesure du possible d'éviter les circuits organisés qui sont la négation du voyage ou demandez à rencontrer vos accompagnateurs et à savoir où ils doivent vous emmener. S'ils ne sont animés que par un esprit mercantile et qu'ils comptent vous amener visiter la tour Eiffel locale ou le temple le plus célèbre du pays, fuyez-les comme la peste. Votre voyage ne vous apportera rien. Autant louer une cassette vidéo sur la région en question et la regarder tranquillement chez vous !

Si vous choisissez une formule collective, prenez une organisation qui vous mettra au contact de la nature (plus de 5 minutes par site quand même !), des habitants (même remarque), et des lieux sacrés connus et inconnus... mais surtout qui privilégie le temps passé dans un endroit plutôt que le nombre de monuments visités à l'heure.

Sur place, profitez-en alors pour vous recueillir, prier, méditer ou simplement vous installer dans une contemplation sereine de votre environnement. Cela vous permettra de vous recentrer, d'assimiler les nouvelles données reçues du milieu et d'accéder à une plus grande compréhension des autres, et, par un effet miroir, de vous-même.

Si vous êtes plus individualiste, il faut dans la mesure du possible privilégier la découverte solitaire ou avec un petit groupe (deux personnes, c'est bien). La raison en est simple : souvent un voyage est vécu par la plupart des gens comme une agression car tous leurs repères habituels sont absents : une architecture, une couleur de peau, des mœurs, des coutumes, une langue... différentes. Ces personnes sont donc perpétuellement sur leurs gardes. Peur de se faire voler, attaquer, escroquer, d'attraper des maladies... surtout si cette excursion se fait sans véritable préparation ou en s'en remettant à des « professionnels ».

La réaction, dans ces cas-là, consiste à se replier sur soi-même ou sur le groupe des gens que vous connaissez. Dans ces conditions, la découverte du pays est faussée tandis que, si vous êtes seul ou en petit nombre, vous ne pouvez plus vous barricader dans votre peur, vous êtes obligé d'aller vers l'autre.

Votre attitude en terre étrangère est de toute façon fondamentale. Il faut se montrer humble en toute circonstance. Évitez de vous comporter en pays conquis car vous vous fermerez la porte du cœur des personnes rencontrées. Celles-ci ne sont ni supérieures ni inférieures à vous. Ce sont des hommes et des femmes, vivant certes souvent différemment, mais, avant tout, des êtres humains qui ont des sentiments, des émotions, des pensées... tout comme vous. Ne faites pas à autrui ce que vous ne voulez pas qu'il vous fasse (ce n'est pas nous qui l'avons dit les premiers).

En vous comportant positivement, vous ferez de votre voyage une riche expérience qui vous élèvera car vous aurez cultivé des valeurs positives indispensables pour améliorer votre niveau de conscience ordinaire.

Conduisez-vous comme vous le feriez si vous étiez invité dans la maison d'un ami. Chez vos amis, vous prévenez avant de venir, vous les saluez en arrivant, vous ne mettez pas les pieds sur la table et vous n'allez pas ouvrir les armoires. Quand vous êtes dans un autre pays, imaginez que vous entrez dans la maison (le pays) d'un ami (vos hôtes ou les habitants). Vous êtes prévenant, poli et attentif à les respecter.

Le sourire et le don de soi

En voyage, outre la connaissance de la langue le sourire se révèle l'arme absolue. En effet, en cultivant une attitude amicale et ouverte, vous vous ouvrirez à une compréhension supérieure. Ne soyez jamais hostile et les autres ne le seront pas.

Les Orientaux utilisent parfaitement cette « arme » du sourire depuis des générations. Il prouve, en toute circonstance, que vous êtes sûr de vous, calme, que vous vous contrôlez parfaitement et que vous êtes détendu.

Si, au moment où vous lisez ces lignes, vous êtes tendu ou nerveux, essayez de sourire. Vous sentirez rapidement la différence et vous retrouverez le calme nécessaire à toute action ou entreprise. Quand vous souriez, vous détendez tous les muscles du visage mais aussi du corps.

Mettez les pieds bien à plat, baissez les épaules, souriez et concentrez-vous sur votre respiration. Instantanément, ou au bout de quelques minutes, vous sentirez votre corps et votre esprit se relaxer. Vous serez alors mieux à même d'agir et de prendre des décisions.

Le sourire facilitera toujours le contact car c'est un langage universel. De même, dès que vous rencontrez une difficulté, vous retrouverez votre calme rapidement avec quelques respirations. Vous serez alors mieux à même de surmonter tout problème.

Le don de soi est aussi une donnée importante du voyage. Il ne faut pas aller quelque part uniquement pour prendre, mais aussi pour donner. Une attitude très répandue lors d'un voyage à l'étranger est de se conduire comme en pays conquis, avec une mentalité égoïste. On veut en avoir pour son argent. On veut voir le maximum de choses, manger le plus possible, ne jamais être importuné, ne pas s'ennuyer, bien dormir... bref, en profiter !

Les gens qui se conduisent de cette façon étriquée ne rapportent pas grand-chose de leur périple, sinon beaucoup de désillusions : voyage raté, mauvais temps, vol, panne, perte de papiers, maladie. À ce propos, un phénomène curieux : quand vous parlez avec les personnes qui ont été victimes de ce genre de désagrément, vous vous apercevez que, très souvent, elles se recrutent parmi celles qui sont le moins respectueuses des peuples étrangers, qui sont racistes, ou qui ignorent tout de la culture du pays où elles se rendent... En résumé, parmi celles qui développent une approche égoïste du voyage.

Il faut certainement y voir un signe car tout comportement – c'est vrai aussi dans la vie quotidienne – accompli à sens unique, c'est-à-dire dans le seul but de recevoir, de prendre, et non pas de donner, amène au niveau des échanges d'énergie une perturbation invisible qui a des effets sur le corps et l'esprit de celui qui vit en croyant n'avoir que des droits et jamais de devoirs.

Voyage et spiritualité

C'est une loi bien connue en psychologie et notamment dans le domaine de la pensée positive. Si vous « positivez » votre esprit, vous vous mettez dans les conditions favorables pour agir dans les meilleures dispositions et pour éviter le maximum de problèmes. Positiver veut dire mettre en avant ses qualités et transformer ses défauts. Il ne s'agit en aucune manière de combattre ces derniers car cela impliquerait une nouvelle lutte, donc la mise en route d'énergies négatives.

Cette attitude aura une influence bénéfique sur toutes les autres parties de votre vie : privée, professionnelle, sociale... car le bénéfice des qualités développées pendant le voyage rejaillira sur toute votre existence. Vous avancerez d'autant plus vite dans votre recherche personnelle et spirituelle.

En effet, une des constantes que l'on retrouve dans toutes les voies spirituelles est la pratique du non-attachement aux choses matérielles. En partant en voyage, vous décidez volontairement de lâcher prise par rapport à tout votre environnement habituel et de vous exposer à des conditions de vie que vous n'avez pas encore vécues. Vous abandonnez tous vos repères habituels et vous prenez le risque de vous remettre en question.

Déjà, si vous êtes parti avec un état d'esprit ouvert et bien préparé, vous assurez à 50 % la réussite de votre découverte. Les 50 % restants sont maintenant entre vos mains car, une fois sur place, ce sera à vous d'agir. Si vous partez sans peur et en ayant confiance en vous, vous serez capable de faire face à toutes les situations.

Si vous partez avec l'envie non pas uniquement de prendre mais aussi de donner, vous ferez de merveilleuses rencontres avec les habitants. Respectez-les et ils vous respecteront – et même, le cas échéant, vous protégeront en cas de problème. Vous vous testerez bien plus et ferez souvent davantage de progrès dans votre cheminement spirituel qu'en restant calfeutré chez vous ou englué dans la routine quotidienne. Dans la vie, si vous ne vous remettez jamais en cause, vous n'avancerez pas. Toutes les voies le disent. Il faut d'abord se débarrasser de ses vieux habits (habitudes, vues erronées, préjugés, jugements...) pour faire apparaître les nouveaux vêtements de lumière de votre être véritable. Un voyage peut valoir cent séances de méditation ou une retraite dans un monastère si vous savez écouter, regarder, sentir, toucher, ressentir en totale ouverture. Vous n'avez rien à gagner, sauf à protéger votre petit ego, en réagissant négativement aux rencontres que l'on peut faire en voyage. Brisez cet ego en ne jugeant plus, en ne vous renfermant pas dans vos certitudes, et votre conscience occupera un peu plus l'espace immense qu'elle peut vous permettre d'investir.

La vérification du quotidien

Dans la routine que nous nous forgeons habituellement, nous évitons de nous découvrir, de faire apparaître nos défauts et de nous remettre en cause. Réfléchissez un peu à votre vie, et vous verrez que, vous aussi, vous avez des habitudes, certes confortables, mais qui vous empêchent de progresser véritablement, et cela même si vous êtes avide d'aspirations spirituelles. Ne tombez pas dans le spiritualisme qui consiste à rejeter un code de pensées et de conceptions matérielles et à le remplacer par un autre ensemble de dogmes spirituels qui vous bloqueront autant si vous essayez de vous y contraindre.

Souvent, après un séjour dans un monastère ou une séance de méditation, où nous nous sommes parfois vraiment remis en question, deux attitudes sont majoritaires. La première consiste à être perdu et à ne pas savoir comment appliquer dans notre vie quotidienne les beaux principes acquis. La deuxième, à ressentir un immense sentiment de soulagement à l'idée de retrouver son petit chez-soi.

Dans les deux cas, une fois de retour à la maison, l'apprenti méditant se replonge dans la routine et perd le bénéfice de sa pratique. Dans un centre spirituel, vous êtes en contact avec des religieux qui ont déjà atteint un certain niveau ou avec des individus comme vous qui se forcent parfois à adopter un comportement policé pour faire comme tout le monde. Ce n'est pas là que vous mettrez en pratique ce que vous avez appris mais dans la vie quotidienne, là où vous êtes souvent en contact avec des gens qui n'ont pas la moindre idée de ce qu'est la spiritualité. Or, dans votre existence habituelle, vous les évitez car vous avez vos repères et vous savez ce que vous pouvez faire ou ne pas faire ou comment vous éloigner de ces « autres ». La formation par l'ascèse est importante, mais la vérification de nos beaux principes dans le quotidien est fondamentale.

C'est aussi le cas en voyage car, que vous le vouliez ou non, vous devez côtoyer de parfaits inconnus : sinon vous ne vous logez pas, vous ne vous déplacez pas ou vous ne mangez pas ! C'est véritablement dans ces situations que vous pourrez voir si vos grands principes spirituels sont d'une quelconque utilité. Vous pourrez alors mettre à l'épreuve de la Vie votre personne, ou tout au moins l'idée que vous vous en faites. Vous sortirez grandi de ce genre d'épreuve et, au retour, vous ne verrez plus le monde de la même façon. Vous remarquerez des changements dans votre comportement et dans votre vision du monde. Vous aurez plus confiance en vous, vous serez plus ouvert à l'autre, plus sensible aux problèmes de ceux qui souffrent (et pas seulement s'ils se trouvent à l'autre bout de la planète). Vous développerez ainsi la compassion et l'amour qui sont les seules « valeurs » qui peuvent vous aider à véritablement vous développer. Vous ferez plus confiance à votre intuition et à votre cœur qui, eux, ne vous tromperont jamais. Voyagez les yeux et le cœur ouverts, et, en parcourant le monde, l'univers qui est en vous se dévoilera dans toute sa splendeur pour votre plus grand bien et celui de tous les êtres.

Bon voyage !

Chapitre 12

La phénoménologie de l'extase

Une extase est improvisée. Elle peut se préparer, on peut s'attendre à ce qu'elle vienne, mais on ne peut en aucun cas décider volontairement de sa venue. Le flot imprévisible des sensations cosmiques ne nous appartient pas. Tout ce que nous pouvons faire, et c'est déjà beaucoup, c'est d'être prêt à l'accueillir et de nous mettre en condition pour que descende en nous l'esprit.

Sans vouloir à tout prix intellectualiser les manifestations multiples de la force divine, nous pouvons reconnaître qu'il existe une phénoménologie de l'extase.

L'extase est un éclair qui jaillit sans prévenir au sein des phénomènes, du monde phénoménal. Ce dernier terme dans la philosophie bouddhiste renvoie à l'aspect foncièrement illusoire du monde. Le tout est de s'entendre justement sur les différentes modalités de cette fameuse illusion. Qu'est-ce qui en nous est illusoire ? Est-ce la partie ou est-ce le tout ? N'est-ce pas une illusion (et une « déformation professionnelle » propre à la voie spirituelle) que de croire sans arrêt que tout est irréel ?

Il nous paraît urgent à ce propos de savoir relativiser les choses. Les Chinois et les Japonais sont connus pour leur sens pratique. Ils ont, comme on dit familièrement, « les pieds sur terre ». Ils sont enracinés. Et pourtant, à lire le Tchouang-Tseu ou à regarder jouer une pièce de *Kabuki*, notre esprit est immédiatement transporté au-delà des vicissitudes quotidiennes.

Il n'y a pas de mystère. Quand le corps est solidement enraciné dans le monde terrestre, quand on travaille sur le *Hara* et sur une juste respiration, il est beaucoup plus facile de conduire son esprit au-delà des frontières de la réalité.

La spirale des métamorphoses

Être sans cesse obnubilé par l'arrivée soudaine d'un état extatique, c'est encore le meilleur moyen pour ne jamais y accéder. Comme disent les maîtres zen, il faut « attendre sans attendre ». Garder l'esprit de non-profit (en japonais : *mushotoku*).

Soyons honnête avec nous-même. L'extase, à proprement parler, n'existe pas vraiment. Elle EST, sans aucun doute, mais elle n'a rien à voir avec les livres et les discours.

Et si l'extase n'existait pas ? Cesseriez-vous pour autant de vivre ? Elle n'existe pas tant que vous ne l'avez pas atteinte. Un peu comme le Snark, du célèbre poème de Lewis Caroll.

Extase, éveil ou *satori*, Connaissance, Paix Suprême et Sagesse... Que de mots fascinants ! Que de termes enchanteurs ! Que d'illusions (et de souffrances) en perspective !

Certains maîtres spirituels dépensent beaucoup d'énergie et de temps à décevoir et décourager leurs disciples. Ils sont sévères par compassion. Un authentique directeur spirituel, dont le rôle est d'élever les cœurs et les conscienccs, doit conduire ses disciples à une perception juste et vivante du réel. Mais qu'est donc ce réel ? Et comment parvenir à une juste et vivante perception ?

C'est là le but de tout chercheur : appréhender et explorer les infinies possibilités de l'esprit humain. Car l'esprit est UN, universel, mais ses formes sont multiples et parfois déroutantes.

Le Guide de la Joie permanente doit vous aider à parcourir cette route étrange et inconnue. Pour celui qui sait lire, qui sait voir et entendre, avec son cœur et son courage, sa volonté et son amour, la Lumière de l'Esprit surgira des ténèbres.

Cette connaissance est sans limites. Elle avance en spirale et vous entraîne dans son sillage. La spirale est un symbole essentiel dans la philosophie druidique. Elle signifie la métamorphose incessante de la vie, le tourbillon cosmique des cycles et des saisons, le mouvement de l'esprit, des étoiles et du monde.

La géométrie sacrée de l'être

Le point et l'étendue délimitent la notion métaphysique de l'extase. Le point, dans la tradition hindoue, est appelé le *bindu*. On peut le comparer au *tilaka*, ce point rouge que les danseuses indiennes portent au milieu du front entre les deux sourcils. Il symbolise le troisième œil, l'œil de la connaissance.

Sur le plan de la géométrie sacrée, le *bindu* est au centre d'une autre figure cosmique : le *shri-yantra*. Ce diagramme représente une série de triangles et d'étoiles à cinq branches qui se prolongent et se superposent à l'infini, de la même façon que nous pouvons jouer avec plusieurs miroirs en même temps.

Au centre de ce processus se trouve le *bindu*, le point ultime où tout commence, où l'éternel retour agit. Dans la méditation tantrique on fixe l'esprit sur ce point jusqu'à ne plus faire qu'un avec lui et ainsi fusionner avec le principe essentiel de l'univers.

La véritable extase est de l'ordre du secret. C'est un principe intransmissible, un reflet nu de l'expérience. Les éclairs du sacré traversent le corps du pratiquant. Tout est prétexte à méditer. Contempler un brin d'herbe, sentir le vent sur son visage, méditer sur les branches d'un grand chêne centenaire, autant de joies et d'impressions qui peuvent élever notre conscience. Dans un même mouvement, toujours issu de l'Origine, la conscience monte et redescend. La géométrie sacrée de l'être est faite de ces illusions d'optique. Ce que nous croyons voir n'a bien souvent rien à voir – justement – avec l'ordre du monde, l'ordre des choses, de l'Univers. Nous prenons l'arbre pour la forêt. Nous nous perdons nous-même de vue. Alors que tout est si limpide ! Regardez cet oiseau traverser l'horizon, cette goutte de pluie tomber lentement sur le rosier, cette fourmi si tranquille transporter ses brindilles... L'être humain est véritablement le seul être vivant à être ainsi obnubilé par le chaos de ses pensées. Un animal ne pense pas ; il transmute ses pensées dans le creuset de la Nature et se fie davantage à la subtile télépathie des perceptions du monde sensible.

L'ami de la sagesse

Depuis déjà quelques années, un nouveau métier tend à se développer aux Pays-Bas. La profession de philosophe-conseil commence à faire quelques émules dans l'Hexagone. Le philosophe (l'ami de la sagesse) reçoit dans son cabinet de philosophie et dispense des conseils, réconforte le moral, modifie la vision de la personne qui vient le voir. Selon qu'une bouteille est à moitié vide ou à moitié pleine... À bien y réfléchir, ce métier n'est pas nouveau. Il est même fort ancien. Le philosophe, dans l'Antiquité, et plus particulièrement en Grèce et en Égypte, était le conseiller du peuple et des princes. Socrate, Platon, Anaxagore, et plus tard Diderot, Spinoza ou Montaigne, les philosophes ont toujours su guérir les plaies de notre esprit. Ils ont été durant des siècles les intermédiaires obligés entre les puissances célestes et le monde profane. Leur rôle était thérapeutique. Parler de tout et de rien, tout en scrutant profondément les moindres replis et faiblesses de la nature humaine, tel était le tour de force de ces alchimistes du gai savoir. Il est quand même réconfortant de constater un tel regain d'intérêt pour cette science millénaire. Une science, peut-être, mais certainement aussi un art de vivre. Car penser *juste* est une arme formidable. Il est souvent facile de déplorer les sinistres malaises de la vie quotidienne (morosité, chômage, indifférence et ignorance, égoïsme béat des moutons satisfaits), mais qui est responsable ? Que peut faire *réellement* un individu isolé dans un monde qui vacille sur ses propres valeurs ? C'est justement là qu'intervient la réflexion philosophique. Pouvoir garder un esprit critique et savoir conserver un bon sens bien solide nous permet d'avancer sur la voie rigoureuse de la lucidité. Nul ne peut prétendre à l'éveil s'il n'a d'abord cultivé lui-même le détachement et une certaine objectivité. La passion n'est jamais bonne conseillère. Il vaut mieux être « froid » et garder ses distances, ne pas trop s'impliquer dans la confusion émotionnelle des apparences. Dans le bouddhisme tibétain, c'est le dieu Manjusri qui va trancher avec l'épée de la profonde compassion et discrimination dans tout ce qui peut faire obstacle à la suprême réalisation. L'humour peut être une arme tranchante. Chaque circonstance est différente (la confusion reste la même !) et nous devons nous adapter aux situations et aux personnes. C'est dans cette quête de l'objectivité que doivent se rassembler nos énergies créatrices. Une fois que nous aurons conquis une parcelle du territoire de l'éveil, il ne nous restera plus qu'à diffuser autour de nous les qualités et les vertus à nous offertes par la Vie. C'est là sans doute ce qu'il y a de plus difficile, car cela ne sert strictement à rien d'avoir fait tout ce chemin si ce n'est pour donner (et non pas vendre !) cette Connaissance.

L'imaginaire occidental

Dans la tradition occidentale du druidisme, et ce depuis la plus lointaine Antiquité, les hommes ont recherché les meilleurs moyens d'accéder à l'extase et d'élever leur niveau de conscience.

On assiste depuis peu à une résurgence de ces traditions européennes, qu'elles soient druidiques ou ordinistes, qu'elles viennent d'Irlande ou de Norvège.

La philosophie des druides est belle et naturelle. On a souvent parlé à ce propos d'écologie spirituelle.

L'art des enluminures ou la musique celtique sont quelques-unes des expressions de cette magnifique tradition.

Dans le présent ouvrage, nous abordons de front les techniques occidentales d'éveil. Les exercices proposés ont une efficacité certaine. Ils sont le fruit d'une longue réflexion et d'une pratique dûment éprouvée. Ils renvoient au druidisme, à ce monde de légendes et de mythes enchanteurs.

Certaines de ces visualisations ont de remarquables propriétés d'autoguérison. Elles ont surtout le pouvoir de nous faire parvenir à un plus haut niveau de conscience.

Par la suite, si vous le désirez, vous pourrez toujours lire et étudier l'histoire et la philosophie de la religion druidique. Ce qui n'aurait été qu'un savoir livresque de plus sera devenu entre vos mains un instrument de Connaissance et de développement personnel.

Le sourire intérieur

La conscience entreprend un voyage au pays des lutins et des forces merveilleuses. Contrairement à ce que croient certains, restaurer en soi-même la pureté de l'enfance n'a rien à voir avec une attitude immature et irresponsable. Il faut beaucoup de force, de volonté et de courage pour plonger en soi-même.

Les épreuves se succèdent et nous permettent d'ouvrir des portes. « Ce qui ne me tue pas me renforce », disait Nietzsche. Mais cela n'exclut pas le sens de l'humour. Savoir rire de soi-même est un signe de santé. Le sourire intérieur est d'ailleurs un exercice de santé taoïste bien connu. Même si la vision brutale de ses propres enfers ne prête pas toujours à rire ! De grands sages contemporains comme sa sainteté le Dalaï-Lama ou Lama Guendune Rinpoché se départissent rarement d'un sourire ineffable et d'une franche et saine gaieté.

Et pourtant, la vision des horreurs de ce monde matérialiste et ignorant, de l'implacable *Kali Yuga*, devrait plutôt faire se dresser les cheveux sur la tête. Que l'on soit riche ou pauvre, gros ou maigre, intelligent ou ignorant (mais où finit notre ignorance et où commence l'intelligence ?)... le monde n'en continue pas moins de tourner, le soleil de briller, les oiseaux de chanter. C'est là le grand mystère de la Vie, qui fait qu'au même instant, pendant que vous lisez ces quelques lignes, la guerre continue de sévir en Bosnie, à Belfast ou au Rwanda, et que la souffrance et la mort emportent les âmes trop vulnérables. Il faudrait être fou ou profondément malhonnête pour se voiler la face devant cette évidente persistance du Mal. Mais ce mal, cette souffrance, cette horreur absolue, il appartient à l'homme d'en limiter la portée, et parfois de les vaincre, en tant qu'homme libre et éveillé.

La vision maîtrisée

Le pays des lutins et d'Alice traversant le miroir, ce fabuleux imaginaire qui nous transporte de l'autre côté, nous pouvons, si nous le désirons, l'explorer patiemment, avec habileté et lucidité.

Il ne s'agit pas de fuir le réel, de s'échapper du quotidien et d'oublier ses responsabilités. Le problème est plus simple : chacun de nous possède, à l'intérieur de son esprit, une part magique et *innocente*, un trésor de sagesse, d'harmonie et de paix. Des méthodes modernes comme la sophrologie, la visualisation et le *yoga-nidra* nous permettent d'accéder provisoirement à ces contrées.

L'imaginaire bien compris ne peut que déboucher sur la mystique. C'est ce que montre Henry Corbin dans ses études sur le soufisme, lorsqu'il évoque l'imaginal, cet au-delà de l'imaginaire.

Ce qui veut dire que les idées et les images de notre esprit (et toute « vision » commence toujours par une image, si anodine soit-elle) sont des forces créatrices qui souvent nous échappent.

Le but de la voie spirituelle est de maîtriser l'esprit et de diriger ainsi le flux incessant et désordonné du mental.

La pratique assidue du yoga et de la méditation permet d'ouvrir les portes de la perception.

La vision, quelle qu'elle soit, est au-delà du discours. Elle dépasse la pensée et le simple intellect.

La vision vient d'un autre monde. Cet autre monde est en soi-même, au plus profond de son esprit. Une méditation efficace libère les mots et les images. Le méditant est un véritable acrobate spirituel qui doit sans cesse faire la part des choses entre ce qui est « véritablement réel » et ce qui ne possède aucune réalité.

Tout dépend à vrai dire du système religieux dans

lequel nous sommes engagés. Pour prendre un exemple, l'apparition du Christ ou de la Vierge Marie est un fait bien réel pour un chrétien déterminé. Loin de susciter en lui le doute, elle renforcera sa foi. On ressent cette immense ferveur dans des lieux consacrés par les apparitions mariales ou christiques : Lourdes, Fatima, Dozulé, Medjugorje, etc.

Mais que pense un moine coréen, thaïlandais ou tibétain devant une apparition fantastique ? Si l'on s'en tient aux méthodes tibétaines de méditation et de visualisation (le travail des *Yidam*), n'importe quelle forme est illusoire.

Un ami proche, durant la fameuse retraite de trois ans, trois mois et trois jours que les aspirants lamas doivent effectuer (sous la protection rigoureuse d'un lama qualifié), reçut la visite impromptue, dans sa petite chambre de méditation, du plus puissant des protecteurs courroucés du *Vajrayana* : le redoutable Mahakala !

Un simple profane, ou un novice insuffisamment préparé, aurait été victime d'une crise cardiaque ou se serait enfui à toutes jambes en hurlant de terreur !

Cet ami, qui avait longtemps pratiqué la méditation zen (avec Maître Deshimaru), et qui de plus n'avait strictement rien à perdre – en effet, on arrive souvent au bouddhisme à la suite d'un profond désenchantement, à l'égard de soi-même et du monde – prit la chose assez bien. Il *savait*, du plus profond de son être, que ce qu'il voyait soudainement n'était qu'une projection effrayante et terrible du miroir VIDE de son esprit. Il respira très calmement pour apaiser les battements de son cœur et pour permettre à cette vision de continuer son long voyage. Ce qu'elle fit aussitôt, puisque la forme s'estompa, et que tout rentra dans l'ordre ultime, dans la sereine contemplation.

Le miroir de l'esprit

L'extase ignore l'identité car elle connaît plusieurs visages. Cet état indicible est rarement atteint. Il ne faut pas confondre les hallucinations de l'esprit avec l'émanation du vide originel. Car « le vide est la forme et la forme est le vide », selon ce qu'enseigna le Bouddha à son disciple Saripûtra.

Aussi, laissez-vous porter par ces flots du mystère, ne vous agrippez surtout pas à une quelconque certitude et ne retenez rien, laissez passer les vagues, les sensations, les émotions, les infinies représentations de votre esprit émerveillé et stupéfait. Car la beauté du monde est là, dans le sourire de cet enfant, dans la chevelure de cette femme, dans cette musique d'Andalousie ou dans le vol des hirondelles.

L'extase affine les perceptions. Nous chevauchons indéfiniment des univers parallèles. Nous tourbillonnons à toute vitesse dans les reflets de l'illusion. Nos sens nous trompent : nous ne sommes pas *réellement* cet amalgame de sensations, ce fourre-tout d'impressions qui traversent le cerveau et la chair temporelle. Nous sommes (fort heureusement !) quelque chose de bien plus grand que ces données sémiologiques. Car tout vient du langage, de ce grand dictateur. Ce que nous prenons naïvement pour une perception n'est qu'une dérive du langage, un court-circuit sémantique et intellectualisé. « La vraie vie est ailleurs... » À nous maintenant de la trouver ! Où est donc la vraie vie, la réelle sensation ? Est-ce une question neurologique ? Métaphysique ? Ontologique ? Les choses sont beaucoup plus simples en vérité. Toute croyance n'est que la conséquence indirecte d'une expérience vécue. Comment pourrait-il en être autrement ? L'expérience est ce fluide qui injecte la conscience. Chaque instant de notre vie se trouve en relation avec le corps et la pensée et, pour être plus précis, avec la si célèbre *Kundalini*. C'est en effet cette énergie qui se trouve à la source de l'extase et de l'expérience. Sans elle le langage, quel qu'il soit, ne serait rien. C'est l'énergie de l'univers qui circule ainsi le long de notre colonne vertébrale. La *Kundalini* est le secret de toute expression, verbale, gestuelle ou suggérée. L'expérience indirecte est une branche de cet arbre. Les sensations sont des indices qui peuvent surgir de temps à autre dans cette histoire neurologique. En fait, la racine (des idées, de tout acte) ne se trouve nulle part ailleurs que dans le noyau infinitésimal de l'A.D.N. Cette constatation rejoint les découvertes du professeur Étienne Guillé. Tout se trouve à l'état potentiel dans ce fameux A.D.N. Mais qui (ou plutôt QUOI) se trouve à la source de ce point défini ? L'énergie du cosmos est une transe infinie. C'est le plus souvent en état d'ivresse que les mystiques et les chercheurs reçoivent ce type d'information, cette extrême intuition, cette symphonie de l'âme en quête. Le Graal sacré de l'existence est un trésor intransmissible. C'est une vision parfaitement pure, un *satori* de vrai jongleur, un rire de feu et de jouvence qui pulvérise les illusions.

Chapitre 13

Rendez un culte à la beauté

Au Japon, les grands maîtres de *karaté* ont coutume de dire « un poing, une vie ! », ce qui signifie que tout est dans le geste, dans la fulgurance de l'instant, dans l'urgence immédiate du combat pour la vie. De même, dans la calligraphie, il importe que le geste soit spontané et sans retenue. On « jette » littéralement l'encre sur le papier. On n'hésite pas une seule seconde. Mais ce geste spontané, ce cri du cœur – si esthétique – est le résultat, dans la plupart des cas, d'un long apprentissage de plusieurs années. Le célèbre peintre japonais Hokusaï, le « vieillard fou de dessin », déclarait sincèrement ne pouvoir dessiner quelque chose de valable qu'à partir de quatre-vingt-dix ans. Ce qui suppose de la part de l'artiste une seconde mémoire, une mémoire neuve et constructive. Et chacun de nous peut s'il en a le désir retrouver en lui-même cette farouche innocence, cette pensée pure inaltérable qui est semblable à un joyau que nul défaut ne peut atteindre. Cela demande un entraînement ainsi qu'une remise en question permanente. Cela suppose de dépasser les habitudes limitatives et le confort intellectuel, soporifique et anémiant. Car chacun d'entre nous possède au plus profond une infinité de personnages différents. Nos multiples facettes doivent rayonner dans tous les sens. Un homme complet (et une femme, bien entendu !) doit être artiste, scientifique, littéraire, sportif, mystique, amoureux et poète, sérieux et ludique à la fois, bien ancré dans son corps tout en gardant l'esprit au-dessus de la mêlée, fort et sensible, etc. La perfection est impossible mais l'être humain doit toujours transcender ses limites et porter son courage, son intense volonté, au-delà d'un savoir ordinaire et banal. Car s'il est relativement aisé d'accumuler un certain nombre de connaissances sur tous les domaines possibles et imaginables, il devient difficile voire franchement impossible d'accéder en une vie à la vraie Connaissance. Celle que l'on devine, qu'on imagine, dont on perçoit quelques éclats (ce livre-ci en fait partie) malgré le poids des apparences. C'est donc là qu'intervient le rôle salutaire, au sens presque messianique, de l'artiste, du créateur, de l'artisan.

La transmutation réelle de l'art

Dans le mot « ouvrier » se glisse le mot « œuvre ». Les Compagnons du Devoir ont pour mission de participer à la réalisation du Grand Œuvre à travers une approche initiatique et positive des métiers. La problématique de l'alchimie n'a jamais été de transmuter le plomb en or. Laissons cet effet mercantile et spectaculaire aux bateleurs et aux souffleurs ! La véritable spagyrie est censée provoquer à l'intérieur du corps-esprit un changement radical de perspectives et de valeurs. Celui qui œuvre est un ascète, un ouvrier du bon devoir. Les alchimistes du Moyen Âge étaient appelés les Artistes. L'art authentique conserve un sens, une direction, un enseignement providentiel. Autrement il n'est rien qu'un reflet déformé, projection d'un ego ou malaise d'une époque. Rares sont les œuvres contemporaines porteuses d'espoir et d'harmonie. L'œuvre d'art accomplie peut guérir, soulager. Elle fortifie nos saintes croyances et pose un baume sur nos blessures. L'art sacré ressuscite, modifie la conscience, ouvre les portes de l'invisible, transmute les peines en joie céleste.

Le secret de la contemplation

L'énergie coule de source dans l'espace corporel. Le corps reçoit cette énergie comme un hommage venu du ciel. Évitez les tensions excessives du mental, laissez le souffle vous diriger, intensifiez vos sensations. Le temple de l'homme est son corps. Il est le réceptacle des plus saintes énergies, l'inestimable dépositaire de la mémoire universelle. Qui nous traverse, se joue de nous, dans le feu flamboyant des images du mental. Car qui nous dit que le réel n'est rien d'autre que la somme de nos propres perceptions ? Quelle est cette force qui a créé le principe même de création ? Nous pouvons, si nous le désirons, recréer l'univers et la danse du cosmos, revivre ainsi *de l'intérieur* le jeu du monde et des étoiles, le grand rythme cosmique des puissances indicibles. Il suffit de vouloir, d'imaginer, de contempler. L'être humain a perdu l'innocence et la joie. Ses plaisirs sont factices et ses désirs sont aliénants. Il tourne en rond dans un même cercle et n'entend plus le rire des dieux. Pourtant, il suffirait de lâcher prise et de s'abandonner au courant fluide des énergies pour sentir à quel point les dieux nous manquent et nous possèdent. Ils nous manquent, c'est certain, et leur absence est douloureuse. De par ce vide ils nous possèdent, nous les regrettons si intensément qu'une part de nous croit encore en eux.

La contemplation est un trésor magique. Elle nous permet de « décoller », de sortir des ornières d'un réel contraignant. Contemplez ! Lévitez ! Brisez les chaînes de la matière ! L'homme et la femme ne sont pas sur terre pour souffrir ou attendre. Être présent à ce qu'on est, à ses paroles et à ses actes, au sens même de la Vie, intemporelle et sans limites.

Pratiquez le rituel du sourire intérieur. Regardez la souffrance qui se trouve dans le monde. Elle vous renvoie à vos angoisses qui ne sont rien face à la mort. Souffrir c'est ressentir et, tant que l'on ressent encore quelque chose, comme dirait La Palice, la Vie demeure en nous, avec ses joies et ses soucis, son côté sombre et ses merveilles.

Soyez donc philosophe ! Méditez sur ces phrases arrachées au néant :

« Ce qui ne me tue pas, me renforce. » (Friedrich Nietzche)

« Sans sortir de chez soi, on connaît l'univers. » (Lao Tseu)

« J'entends dans le coquillage
La pulsation de chaque cellule,
D'une fleur, d'un rocher et d'une plume.
Mais plus haut que tout
Résonne l'écho tranquille
Du Oui et du Non qui chantent ensemble. » (James Broughton)

L'ivresse et la sobriété de l'âme

Le grand secret de l'amour et de la création artistique est sans doute la simplicité. Prenons l'exemple d'un conférencier. Si brillant (mais tout ce qui brille n'est pas or !) et érudit soit-il, il ne pourra rencontrer son auditoire qu'à condition d'ouvrir son cœur, d'être sensible et attentif. Qu'on le veuille ou non, toute production humaine se doit d'être au service. C'est un acte d'amour que de peindre une toile, de composer un poème, d'exposer ses idées. Car, après tout, qu'est-ce qu'une idée ? N'est-ce pas le fruit d'une émotion ? Le cœur n'est pas si éloigné que ça de l'intellect. L'être humain est un tout, émotions et pensées sont une même énergie. Toute la difficulté (mais aussi le plaisir) consiste à établir une juste harmonie entre les différentes parties de tout. Cela dit, l'être humain est fondamentalement autre chose que son corps ou même son esprit. Mais nous rentrons ici dans le domaine de l'âme, si cher à Jung et aux gnostiques, et sur cette voie vraiment secrète (puisque sacrée, vouée au secret) les mots nous manquent pour l'exprimer. L'expérience nous emmène au-delà du langage. La parole est une forme provisoire et utile. Il faut savoir la dépasser lorsque le Soi jaillit en nous. (Celui qui a déjà « goûté » cette « ivresse » saura de quoi il est question... de l'ineffable et du silence, de la Lumière du Seul Désir.)

La danse de l'illumination

La spiritualité rend un culte à la beauté. Les moyens employés varient au cours des âges. Quel chemin parcouru, depuis les grottes de Lascaux ou les cavernes d'Altamira ! Nous voici désormais dans l'ère de la réalité virtuelle. L'homme moderne reçoit de plus en plus d'informations de toutes sortes. Les images et les concepts se télescopent dans sa conscience. Ses perceptions en sont-elles pour autant affinées ? Rien n'est moins sûr. On en revient toujours au vide, à la révolution intérieure et silencieuse du méditant contemplatif. Celui qui vit au fond des bois ou au sommet d'une montagne a plus de chance d'être « réel » qu'un citadin-zombie stressé. Et pourtant ! On peut atteindre l'éveil n'importe où et n'importe quand. Bien sûr, certaines conditions de vie et d'environnement seront plus favorables. Une illumination transmutatrice et fulgurante de la conscience peut se produire dans un café, sur le quai d'une gare, dans une chambre à coucher, sur le bord d'une rivière ou au sommet d'une HLM ! Puisque Dieu est en soi l'élément essentiel, le véhicule déterminant, l'imprévisible détonateur... Dieu, ce mot galvaudé, ce mot remis à toutes les sauces, épouvantail des intégrismes, illusion pathétique des marchands d'absolu. Dieu est comme le diamant. Rien ne peut le rayer. Il est pur et parfait, indestructible et innommable. Les druides n'emploient jamais le mot de Dieu (bien qu'ils en aient la perception) ; ils préfèrent à tout prendre invoquer l'Incréé. Cette force divine et insoutenable – car sa Lumière est bien trop forte ! – ne peut être nommée par les mots « trop humains ». Aussi, dans le beau livre de l'Irlandais Samuel Beckett, intitulé justement *L'Innommable*, on retrouve cette vision qui dépasse l'entendement.

L'Innommable de Beckett, le *Finnegan's Wake* de James Joyce, sont les récits d'un autre monde, un *no man's land* métaphysique où errent les ombres de nos désirs. Cette écriture typiquement celte perpétue les sagas des antiques découvreurs. Les voyages de saint Brendan, comme ceux d'Ulysse ou de Sindbad, sont aussi bien géographiques qu'intemporels et spirituels. La vision fait danser le réel et le rêve. L'imaginaire est un tremplin pour accéder à l'Autre Monde.

L'adoration de la beauté

Ce qu'on peut reprocher à un certain dogmatisme spirituel, c'est de ne pas accorder plus d'importance au monde de l'Art et de la Forme. Le plaisir procuré par la vue d'un tableau, par l'audition d'une belle musique, par la lecture d'un grand poème, par un ballet ou par un film, ce plaisir est peut-être un clin d'œil de l'éveil. Celui qui se laisse volontiers emporter par les délices infinis de la volupté esthétique, celui-ci se rapproche insensiblement de Dieu, du divin, du flux cosmique qui EST en nous. La jouissance est secrète, l'approche humaine de la beauté n'a pas livré tous ses arcanes. La sensation est ineffable. Tous les chemins mènent à l'extase. Chacun est libre de ses passions et n'a de comptes à rendre qu'à Dieu. « Bouddha et le Démon ont le même visage », dit un vieux dicton zen. Il est vrai qu'à un certain niveau le culte du beau peut très bien se passer de la moindre morale. Mais quand même ! Sauf de rares exceptions (les destinées « lucifériennes »), un être humain a plus de chances de trouver Dieu et sa splendeur en s'entourant de beaux objets, de beaux concepts, de belles images, de belles pensées et de beaux actes. Car le beau devient bien par la force du désir. Les beaux objets, les belles images, même si cela n'est qu'apparences, sont des supports incontournables pour accéder au monde divin. D'ailleurs les plus grands sanctuaires de toutes les religions sont toujours des modèles d'harmonie et de paix. Mosquées, *ashrams* ou cathédrales, là où règne le Divin trône aussi la Beauté. Ne dit-on pas d'un saint, d'un *gourou* ou d'un sage que son âme est sublime, qu'il en émane une grande beauté ?

Chapitre 14

L'autohypnose

Souvent négligées parce que galvaudées par une image générale de l'hypnose présentée comme un phénomène de foire ou miraculeux, les techniques d'autohypnose recèlent, en fait, de véritables possibilités de développement personnel.

Faciles à mettre en pratique, à la portée de tous et sans danger, elles permettent de résoudre un grand nombre de problèmes quotidiens (stress, distraction, stérilité créative, cauchemars, angoisses, peurs, phobies), mais aussi d'élever son niveau de conscience après quelque temps de pratique.

Il ne faut pas oublier que l'hypnose est une science dont l'origine se perd dans la nuit des temps. On en trouve des témoignages chez les Anciens : Chine, Égypte pharaonique, Grèce antique...

De nos jours, l'hypnose est à la base de beaucoup de méthodes de relaxation ou de thérapies comme la sophrologie. Son utilisation médicale connaît même en ce moment un certain renouveau.

Vrai ou faux ?

Préalablement à la pratique des techniques d'autohypnose, il est fondamental d'avoir une image correcte de l'hypnose car, si vous abordez ce chapitre avec des idées fausses, cela ne pourra que retarder votre progression. Ce paragraphe est destiné à en finir avec quelques préjugés sur l'hypnose.

Tout d'abord, même si l'on ne sait pas ce qui provoque exactement l'hypnose et l'autohypnose, il convient d'en avoir une définition. Il en existe de nombreuses, aussi nous vous proposons celle-ci :

L'autohypnose est un ensemble de techniques qui permettent, en sautant la barrière des facultés conscientes, d'expérimenter un état de conscience qui donne accès au réservoir inépuisable de nos potentialités, et qui aide à y puiser les forces nécessaires à notre développement corporel, culturel et spirituel afin d'améliorer nos conditions de vie.

Première idée importante : il n'y a pas besoin d'avoir un don pour pratiquer l'autohypnose. C'est avant tout, comme nous venons de le dire, un ensemble de techniques qu'il faut maîtriser. Même si la pratique est aisée, et présentée d'une façon progressive dans cet ouvrage, il faut cependant s'exercer régulièrement pour avoir des résultats. Avoir de la constance dans l'effort est une qualité indispensable aussi bien en autohypnose que dans la vie quotidienne.

L'état autohypnotique provoque un niveau de conscience non pas superficiel mais très profond. Il permet de sauter la barrière du conscient, donc d'implanter d'une façon ferme des résolutions et des comportements nouveaux dans notre esprit. Cet état est donc un niveau de conscience supérieur à celui de l'état de veille pendant lequel nous sommes en général « englués » dans le conscient.

Pratiquer l'hypnose ou l'autohypnose ne consiste pas à créer un phénomène extérieur mais à « réveiller » un des nombreux états de conscience qui sont latents en nous. Les états hypnotique et autohypnotique sont des processus parfaitement naturels existant en nous, et qui sont, simplement, stimulés par les techniques appropriées.

Une des peurs principales concernant l'hypnose consiste à penser que l'on peut manipuler les gens contre leur volonté. Cela est faux car, pour que l'hypnose réussisse, il faut que la personne hypnotisée soit volontaire. De même, s'il arrive que, sous hypnose, on fasse quelque chose que l'on ne ferait pas à l'état de veille – propriété dont les hypnotiseurs de foire abusent – c'est en fait le révélateur de tendances refoulées ignorées par le conscient. Dans le cas de l'autohypnose, le danger est encore moindre, car vous vous faites vous-même vos propres suggestions.

L'hypnose et l'autohypnose peuvent provoquer l'apparition de facultés extrasensorielles. C'est une conséquence logique de la pratique. En effet, dans la mesure où leur pratique peut vous faire accéder à vos capacités cachées, vous pouvez tout à fait voir se développer chez vous des dons tels que, par exemple, ceux de voyance et de télépathie.

La pratique des techniques d'autohypnose ne représente aucun danger car l'état autohypnotique est un phénomène naturel que vous conduisez vous-même, étape par étape. De toute façon, quelle que soit la technique employée, même si elle ne donne pas tout de suite les résultats escomptés, elle vous procurera au moins un profond niveau de relaxation ou vous plongera éventuellement dans un sommeil réparateur qui élimineront le stress et les tensions nerveuses souvent causées par nos conditions de vie moderne. Le minimum que vous puissiez en attendre est une régénération physique et mentale indispensable pour améliorer le contrôle de vos ressources et élever votre niveau de conscience.

Détectez vos hypnotismes

De toute façon, que nous le voulions ou non, nous subissons tous au cours de notre vie un certain nombre d'« hypnotismes », c'est-à-dire des conditionnements par l'éducation, la vie professionnelle, les médias.

Notre cerveau éminemment perméable est quotidiennement imprégné de toutes sortes d'influences entre lesquelles il est difficile de faire le tri.

Interrogez-vous sur votre vie quotidienne et vous trouverez sans doute assez rapidement des domaines où vous réagissez par réflexe et par conditionnement, ne serait-ce que dans les comportements sociaux, sans savoir exactement pourquoi vous agissez de telle ou telle façon. Vous le faites parce qu'on vous l'a appris (école, parents, milieu de travail...). C'est ainsi que beaucoup de personnes commencent à fumer dans leur adolescence pour faire comme les amis. Ils s'implantent une habitude, sans vraiment éprouver de plaisir à fumer, parce que c'est comme ça. Si vous êtes fumeur, demandez-vous pourquoi vous allumez cigarette sur cigarette. Il n'est pas évident que vous trouviez tout de suite une réponse claire car souvent l'acte de fumer n'est pas accompli simplement pour éprouver un quelconque plaisir mais pour cacher ou se cacher certains problèmes : la cigarette devient alors un défouloir. Essayez l'hypnose si vous êtes dans ce cas et vous réglerez certainement le problème qui se cache derrière cet écran de fumée. Il n'est pas question ici de s'acharner sur les fumeurs car ce raisonnement peut s'appliquer à bien d'autres domaines de notre vie.

Il faut donc, préalablement à toute séance d'autohypnose, détecter vos « hypnotismes ». Tant que vous n'aurez pas trouvé vos blocages, il vous sera difficile d'élever votre niveau de conscience. Ils sont justement là pour vous indiquer la voie à suivre afin d'étendre votre champ d'action psychologique et spirituelle. Il est important d'être conscient de tous nos conditionnements qui sont autant d'obstacles à notre progression spirituelle. L'autohypnose peut y contribuer largement. En effet, de la même manière que nous avons été suggestionnés par les autres ou par nous-même, nous pouvons nous désuggestionner.

Deux remarques importantes pour mettre les choses au point. Tout d'abord, l'état hypnotique n'est pas une forme de sommeil, même s'il semble en avoir l'aspect extérieur. Si c'était le cas, comment serait-il possible à la personne hypnotisée d'entendre l'hypnotiseur et de s'hypnotiser elle-même si elle n'entendait pas les suggestions qu'on fait ou si elle s'endormait en s'autohypnotisant ? À ce propos, il se peut que vous sombriez dans le sommeil au cours d'une séance. Cette forme de sommeil est très relaxante, mais elle n'est qu'une conséquence de l'autohypnose et non pas l'autohypnose elle-même. Deuxièmement, malgré son ancienneté, on ne sait toujours pas ce qu'est exactement l'hypnose. On dispose de nombreux moyens de la déclencher, ses possibilités et ses conséquences sont connues et reconnues, mais on en ignore encore la cause exacte !

Pour l'autohypnose, comme pour l'hypnose d'ailleurs, on devrait dire les autohypnoses car le terme d'hypnose recouvre un ensemble de phénomènes qui vont de la relaxation à la transe ou à l'extase. Rassurez-vous, vous ne perdrez pas le contrôle de vous-même en autohypnose car c'est vous qui décidez, ou non, de franchir toutes les étapes d'une technique. Si vous vous laissez aller, c'est alors que vous l'aurez bien voulu.

L'autohypnose s'assimile à une forme de suggestion directe car c'est vous-même qui vous implantez de nouveaux comportements ou qui décidez de ce dont vous voulez vous débarrasser. La suggestion indirecte serait plutôt celle que nous subissons tous les jours involontairement du fait de notre environnement.

Notre inconscient est donc en constante interaction avec l'extérieur. Il est important, par l'autohypnose, de nettoyer un conscient imbibé de croyances dont nous n'avons souvent justement pas *conscience*, et qui nous font interpréter le monde environnant suivant leur filtre déformant. Ce faisant, n'étant pas en harmonie avec notre être intérieur, nous prenons des décisions faussées qui retardent notre élévation de conscience. L'autohypnose permet de « sauter » la barrière du conscient pour accéder directement à l'inconscient, là où se trouvent les vraies solutions à nos problèmes. Nous pouvons aller y puiser les possibilités qui nous permettront de changer notre quotidien. En effet, notre conscience essaye sans arrêt de se défendre contre nos tentatives pour la contrôler et la transformer. Le conscient nous encourage dans nos mauvais penchants qui constituent sa matière première et il n'a pas l'intention de s'en défaire.

Ce retournement de situation ne peut s'accomplir que si nous prenons la décision, une fois pour toutes, de nous prendre en charge et de devenir l'acteur de notre vie. L'autohypnose nous fournit des outils en ce sens. Grâce à ses techniques, vous bénéficiez de votre totale autonomie car vous décidez librement d'appliquer telle méthode ou non. Vous êtes l'acteur de votre propre élévation de conscience, avec très peu de chances que le contrôle de l'état induit ne vous échappe.

Vous apprendrez ainsi à faire monter à la surface vos symptômes (ce terme est pris dans le sens de « problèmes », qu'il soient spirituels, psychologiques ou physiologiques). Ainsi, vous aurez directement accès à vos blocages qui vous donneront la matière à transmuter. Vous pourrez faire vous-même, pendant vos séances, vos propres suggestions posthypnotiques (formules répétées pendant la séance d'autohypnose et destinées à induire chez vous de nouveaux comportements après celle-ci).

En faisant remonter ainsi à la surface les problèmes auxquels le conscient vous refusait l'accès, vous apprendrez à mieux vous connaître. Vous comprendrez mieux les connexions entre le problème en question et le contexte de votre vie. Vous serez alors à même de changer vos mauvaises habitudes. Parfois, la simple prise de conscience du problème par l'autohypnose suffira à vous motiver pour changer votre comportement sans avoir à induire de formules posthypnotiques. Vous deviendrez ainsi, et chaque jour un peu plus, le maître de vous-même et votre champ de conscience s'élargira d'autant.

La pratique

La progression présentée vous permettra de ressentir de l'intérieur les effets bénéfiques de l'autohypnose.

Prévoyez d'abord d'opérer dans un endroit où vous serez sûr de ne pas être dérangé et où vous pouvez, au choix, vous allonger ou vous asseoir. Une pratique de 30 minutes à une heure par jour, en fonction de vos disponibilités, suffit pour obtenir rapidement des résultats.

Pratiquez les techniques présentées ici au pied de la lettre dans un premier temps, pour assurer une élévation régulière de votre niveau de conscience. Ensuite, vous pourrez y apporter votre touche personnelle. D'ailleurs les suggestions pour les personnaliser surgiront de la pratique elle-même. La répétition régulière de ces techniques est un facteur de réussite. Essayez-les toutes et vous sentirez certainement des affinités particulières avec certaines d'entre elles. Faites-les vôtres, et imprégnez-vous-en jusqu'à ne faire plus qu'un avec elles. Elles vous mèneront sur votre chemin personnel.

Certaines indications sont données à la fin de chacune d'entre elles pour vous indiquer dans quels cas elles sont particulièrement efficaces : grande nervosité, apparition du stress, problème de concentration, insomnie... Elles vous permettront de traiter directement le problème qui vous empêche d'élever votre conscience. Vous progresserez d'autant plus vite.

Si votre but est plus général et que vous cherchez globalement à changer votre niveau de conscience, pratiquez celles que vous ressentez le plus. Ce sont celles qui vous correspondent particulièrement. De toute façon, de par la pratique, quel que soit votre but de départ, surgiront de l'inconscient les indications qui vous permettront d'avancer. Grâce à l'autohypnose, vous pourrez personnaliser votre démarche. C'est ce qui fait la richesse de l'état autohypnotique.

Essayez dans la mesure du possible de tenir un journal hypnotique où vous noterez votre progression au jour le jour. Relisez chaque jour les résultats obtenus la veille. Ce sera un facteur de motivation.

Les techniques exposées ici sont une sélection des méthodes les plus efficaces pour élever son niveau de conscience, soit directement soit indirectement, car elles s'attaquent à certains facteurs qui retardent les changements de niveau de conscience.

Une dernière remarque : vous vous rendrez compte de la répétitivité de certaines formules. Ce principe est très répandu dans le domaine de l'hypnose et renforce l'efficacité de l'induction hypnotique.

Technique n° 1 : la maîtrise du souffle

La maîtrise du souffle est considérée comme fondamentale par toutes les religions, traditions et méthodes de développement personnel. C'est pourquoi nous commençons par une technique respiratoire inspirée par la pratique des moines du mont Athos, en Grèce.

– Installez-vous dans un endroit calme, assis en tailleur sur une chaise ou bien en position allongée. Tenez-vous bien droit, les épaules baissées, les yeux mi-clos.

– Concentrez-vous sur votre respiration et suivez son rythme naturel sans le forcer. Peu à peu, elle va devenir de plus en plus lente et profonde.

– Si des pensées surviennent, laissez-les passer. N'exercez aucune action sur elles. Dès que votre attention se focalise sur l'une d'entre elles, revenez tout de suite à votre respiration et elle s'évanouira d'elle-même.

Durée : quinze minutes par jour minimum. Avec un peu d'entraînement, vous pourrez aller jusqu'à trente minutes quotidiennes.

Bénéfices : cette excellente technique préventive est à pratiquer sans modération. Elle apporte relaxation, élévation de l'état de conscience, et augmentation de la vitalité interne.

Technique n° 2 : le troisième œil

La focalisation sur le troisième œil est aussi une technique d'hypnose. Elle est extrêmement efficace pour provoquer l'activation de celui-ci et atteindre un état de conscience supérieur.

– Assis, debout ou couché, fermez les yeux.

– Pratiquez une dizaine de respirations abdominales lentes. Déjà une sensation de calme doit vous envahir.

– Visualisez votre troisième œil sous la forme d'un œil ouvert dans un triangle. D'après les traditions orientales, il se trouve à mi-chemin entre les sourcils, juste au-dessus du nez.

– Restez concentré sur l'image mentale de votre troisième œil tout en continuant la respiration abdominale. Si des pensées viennent parasiter ce processus, revenez tout de suite à votre visualisation-respiration.

Durée : mêmes conseils que pour la technique n° 1.

Bénéfices : idéale pour atteindre un état de relaxation avancé, le retour au calme de l'esprit, l'accroissement de la vitalité. Effectuée régulièrement au réveil, cette technique permet de faire le plein d'énergie pour toute la journée.

Technique n° 3 : le disque d'autohypnose

C'est une des techniques les plus simples à mettre en œuvre pour atteindre un état d'autohypnose. Pour tout outil, vous avez besoin du disque d'hypnose (voir dessin, ci-dessous). Il est conseillé de le fixer contre un mur ou sur le plafond si vous êtes allongé.

– Asseyez-vous confortablement sur un siège, de préférence avec un dossier pour y appuyer votre tête, les pieds bien à plat sur le sol, ou allongez-vous sur votre lit, les bras le long du corps, les jambes serrées.

– Pratiquez la respiration abdominale.

– Concentrez votre attention (regard et esprit) sur le disque d'autohypnose.

– Dites-vous en boucle (de manière répétitive) : « Plus je regarde ce disque et plus je me sens détendu... Mes paupières sont lourdes, de plus en plus lourdes... Mes yeux se ferment... »

– Quand vos yeux sont fermés, induisez alors des formules positives concernant le problème à résoudre.

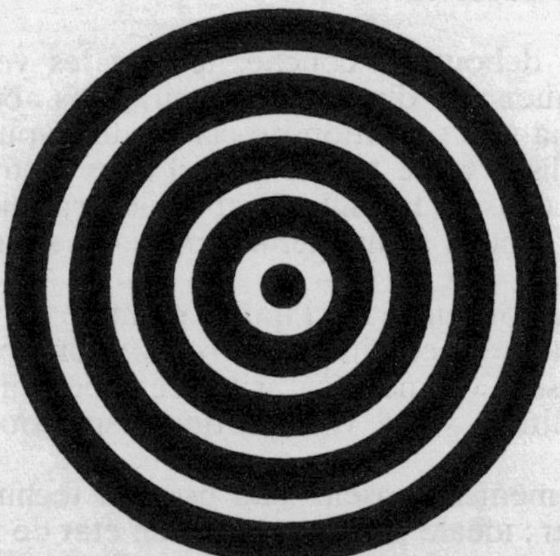

Technique n° 4 : l'induction sonore

L'induction sonore (déclenchement de l'hypnose par concentration sur un bruit régulier) est l'un des moyens les plus efficaces pour connaître rapidement un état autohypnotique. Cette méthode d'induction nécessite l'emploi d'une source sonore : le tic-tac d'un réveil, le bip-bip d'un chronomètre ou toute source sonore régulière.

– Répétez à voix haute, ou pour vous-même, le but à atteindre dans cet exercice (induction d'un état de détente, accroissement de la vitalité, élévation du niveau de conscience...).
– Asseyez-vous dans un endroit calme et relâchez tous les muscles du corps progressivement, des pieds à la tête.
– Mettez en marche votre source sonore, fermez les yeux et concentrez-vous sur celle-ci.
– Répétez-vous à plusieurs reprises, en veillant à pratiquer une respiration abdominable lente : « Ce son régulier focalise toute mon attention et m'apaise... »

Conseils : cet exercice est très efficace pour retrouver et augmenter sa capacité de concentration. Il est donc recommandé de le pratiquer avant de commencer un travail intellectuel pour que votre esprit soit tourné entièrement vers celui-ci pendant toute sa durée.

Sa répétition, plusieurs fois par jour ou une fois dans la journée (le matin par exemple), permet de garder constamment à l'esprit ses motivations pour réaliser un projet à plus long terme.

Technique n° 5 : la respiration alternée

Cette méthode inspirée de la respiration des yogis permet d'atteindre un niveau de conscience supérieur.

– Assis, debout ou couché, après une inspiration, bouchez la narine gauche avec le pouce de la main gauche.

– Expirez par la narine droite et comptez jusqu'à 5 avant d'inspirer toujours par la même narine.

– Une fois l'inspiration terminée, bouchez la narine droite avec le pouce droit. Restez sans respirer en comptant encore jusqu'à 5.

– Ensuite, enlevez votre pouce gauche de la narine gauche et expirez lentement et profondément puis, une fois l'expiration terminée, comptez encore jusqu'à 5.

– Inspirez à nouveau lentement et profondément et bouchez à nouveau la narine gauche avec le pouce gauche.

– Après avoir compté jusqu'à 5, enlevez le pouce droit de la narine droite et recommencez au début du processus.

Durée : une quinzaine de minutes par jour.

Conseils : au début, suivez le rythme le plus proche de celui de votre respiration habituelle. Le fait de compter jusqu'à 5 est une moyenne pour ne pas ressentir une sensation d'étouffement qui perturberait la régularité de l'exercice. Essayez progressivement d'augmenter la longueur de vos inspirations et expirations car plus leur ampleur est importante, plus la détente est profonde et le changement d'état de conscience durable.

Technique n° 6 : la bougie

De même que l'induction sonore, l'induction lumineuse est aussi très efficace pour atteindre l'état hypnotique. Elle se pratique à l'aide de la flamme d'une bougie.

– Asseyez-vous dans un endroit calme.

– Énoncez à haute voix, ou pour vous-même, la raison qui vous pousse à pratiquer cet exercice.

– Allumez une bougie.

– Fixez ce support lumineux en vous concentrant totalement sur lui. Pratiquez la respiration abdominale.

– Relâchez progressivement tous les muscles de votre corps, des pieds à la tête.

– En continuant à fixer ce point, répétez-vous : « Plus je fixe ce point lumineux, plus je me détends. »

– Une fois que vous ressentez une sensation de détente, fermez les yeux.
– Visualisez maintenant la bougie pendant une minute environ. Gardez à l'esprit sa forme et ses couleurs. Restez ainsi pendant deux minutes.
– Conservez l'état de relaxation ou de conscience acquis le plus longtemps possible.
– Revenez à votre état de conscience ordinaire en pratiquant cinq profondes respirations abdominales.

Durée : minimum quinze minutes à chaque fois.

Technique n° 7 : le nuage noir

Cette technique permet d'atteindre l'état hypnotique et, accessoirement, de connaître un sommeil réparateur.

– Allongez-vous sur un lit, sur une couverture ou à même le sol.
– Fermez les yeux et dites-vous à voix haute ou pour vous-même : « Je vais expérimenter une sensation de bien-être et mon corps sera de plus en plus détendu... »
– En pratiquant la respiration abdominale, détendez progressivement, en les visualisant, les différentes parties de votre corps, des pieds à la tête.
– Une fois ce processus terminé, prononcez à voix haute ou pour vous-même la formule suivante : « Je suis conscient de mon corps reposant là (dans ce lit, sur cette couverture, sur le sol...). Chaque partie de mon corps est pesante, de plus en plus pesante... Ma tête est lourde, de plus en plus lourde, la lourdeur gagne mon front, mes yeux... tout mon visage... Voilà qu'elle se répand sur moi... Maintenant, ma gorge est lourde, ma poitrine est lourde... Descendez ainsi progressivement dans le sens inverse des exercices précédents, de la tête vers les pieds.
– Une fois parvenu aux pieds, vous devez vous sentir incapable de bouger, comme pris dans une chape de plomb. Prenez bien conscience de cette impression de lourdeur.
– Visualisez un nuage noir qui s'approche de vous et

s'apprête à vous “ avaler ”. Quand il est au-dessus de vos pieds, dites-vous : “ Ce nuage va m'engloutir... Il est sur moi... Je me sens lourd, très lourd... Je ne peux rien contre cette sensation de lourdeur et contre ce nuage noir... Il est sur mes pieds... sur mes cuisses... sur mes jambes... Je me sens bien, je n'ai pas envie de bouger... Le nuage noir est sur mon sexe... mes fesses... mon abdomen... mon plexus... ma poitrine... Je m'endors. J'ai la tête lourde... Ce nuage continue sa progression. Il engloutit mes mains... mes bras... mes épaules... Je me sens bien, je n'ai pas envie de bouger... Le sommeil me gagne... Voilà que ce nuage noir est sur mon visage... mon crâne... Il m'a complètement recouvert mais je me sens bien, je n'ai pas envie de bouger... Je suis même en train de somnoler... Je suis endormi... ”

– Répétez cette formule longue en boucle jusqu'à atteindre l'état autohypnotique. »

Bénéfices : accroître sa vitalité, élargir son état de conscience ordinaire, affiner sa faculté de concentration et ses perceptions sensorielles (ouïe, odorat, goût, toucher, vision).

Conseils : il est bon de renforcer l'efficacité de cet exercice en pratiquant préalablement la méthode n° 1 ou 2 pendant cinq minutes.

Technique n° 8 : la conscience hypnotique

Cette technique est importante car elle peut amener à un état hypnotique profond. Elle est inspirée des techniques du grand hypnothérapeute J.-J. Dexter.

– Asseyez-vous dans un fauteuil ou un canapé, dans une pièce calme, éclairée uniquement par une bougie. Il est conseillé d'avoir les mains sur les cuisses, les pieds bien à plat, et la tête bien droite contre le dossier du siège.

– Fermez les yeux et détendez progressivement les différentes parties de votre corps, des pieds à la tête. Faites-le en vous répétant à chaque partie du corps : « Plus je détends... (mes pieds, par exemple), plus je me sens reposé », et ainsi de suite jusqu'à la tête.

– Une fois cette phase terminée, répétez-vous plusieurs fois, jusqu'à ressentir un véritable état de bien-être : « Tout mon corps est détendu, je suis reposé... »

– Ensuite, ouvrez les yeux et fixez la flamme de la bougie.

– Répétez à plusieurs reprises, en ne quittant pas celle-ci du regard : « Plus je fixe cette bougie, plus mon corps devient lourd... » Concentrez-vous sur cette bougie jusqu'à ne plus faire qu'un avec elle.

– Une fois que vous vous sentez engourdi ou que vous commencez à somnoler, fermez les yeux et gardez en mémoire l'image de la flamme de cette bougie.

– « Voyez-la » mentalement s'éteindre jusqu'à sa complète disparition de votre esprit.

– Dites alors : « Comme l'obscurité a englouti cette lumière, cette lourdeur va envahir mon corps... »

– Imaginez-vous dans l'obscurité la plus totale et répétez-vous à voix haute, ou en votre for intérieur : « Pour moi, seule l'obscurité existe, ce néant qui a englouti toutes mes pensées... Ma tête est lourde, de plus en plus lourde... Je ne peux plus bouger... Le sommeil me gagne irrésistiblement... Je suis complètement paralysé... Je suis bien, très bien dans cet état... Je m'endors... J'ai envie de dormir... Mon corps est recouvert d'une chape de plomb...

Je me sens bien, très bien... Je me laisse envahir par ce bien-être... Je n'ai pas envie de résister. Je plonge dans une lourdeur bienfaisante... Je me repose... Je dors... Je dors... Je suis très détendu... Je dors... Je suis gagné par un sommeil régénérateur... Quand j'entendrai le bip sonore de ma montre (ou la sonnerie du réveil), je me réveillerai mais, pour l'instant, je dors... Je dors, je suis bien, je me ressource... Mon corps est lourd, de plus en plus lourd... »

Répétez lentement cette formule en boucle jusqu'à l'audition de la sonnerie.

– Dites-vous alors : « Voilà, c'est fini, je dois quitter cet état merveilleux car je suis maintenant régénéré... Je me réveille... Je suis réveillé... »

Durée : si vous avez du temps, effectuez cette technique sans chronométrage, sinon programmez quinze minutes.

Conseils : pour ressentir encore plus profondément les avantages de cette conscience hypnotique, chaque fois que vous employez la formule générale : « Plus je fixe cette bougie, plus mon corps devient lourd... », focalisez-vous progressivement sur votre corps (pieds, mollets, cuisses, fesses, abdomen, plexus solaire, poitrine, mains, avant-bras, bras, épaules, mâchoires, front, cheveux, arrière du crâne, haut du dos et bas du dos, colonne vertébrale) en imaginant que cette lourdeur envahit la partie du corps que vous visualisez.

Technique n° 9 : la cassette autohypnotique

La technique de la cassette autohypnotique enregistrée est extrêmement efficace. Elle consiste à enregistrer un texte d'induction hypnotique de votre choix que vous vous passez en boucle le temps désiré (dix minutes au minimum, cependant).

Voici un exemple de base que vous pourrez, par la suite, personnaliser. Enregistrez les phrases suivantes :

« Je m'assois confortablement sur un siège » *(de préférence avec un dossier pour y appuyer votre tête, les pieds bien à plat sur le sol)* ou « Je m'allonge sur mon lit, les bras le long du corps, les jambes serrées... »

« Je pratique au moins une dizaine de fois la respiration abdominale, lentement et profondément. »

Laissez ici, sur la bande audio, un temps d'arrêt correspondant.

« Je détends progressivement tout mon corps dans l'ordre suivant : pieds, mollets, cuisses, fesses, abdomen, plexus solaire, poitrine, mains, avant-bras, bras, épaules, mâchoires, front, cheveux, arrière du crâne, haut puis bas du dos, colonne vertébrale. »

Faites une pose entre chaque partie du corps.

« Mon corps est maintenant complètement détendu, mes bras pendent le long de mon corps... Ils sont lourds, très lourds... »

« Je vais maintenant fixer pendant une minute un point situé sur le mur (ou au plafond). »

Vous pouvez coller sur ces supports une pastille de couleur – de préférence : blanche, jaune, verte ou bleue. Laissez un temps de pose correspondant sur la bande.

« Je continue à fixer ce point, même si mes yeux me piquent ou si je sens qu'ils se ferment involontairement... »

Si vos yeux ne se sont pas fermés au bout de ce laps de temps, fermez-les alors volontairement et laissez-vous aller à la détente.

« En continuant à pratiquer la respiration abdominale, je compte lentement de 1 à 5... Au fur et à mesure de l'énonciation de ces chiffres, mon corps va se détendre de plus en plus... 1 : mon corps se détend, je me laisse aller... 2 : je suis de plus en plus détendu. 3 : je me laisse glisser dans cet état de bien-être... 4 : mes paupières sont lourdes... très lourdes maintenant... Mon corps ne veut plus et ne peut plus bouger... 5 : ça y est ! je suis complètement détendu... À partir de cet instant, je suis en état d'autohypnose. »

Vous pouvez répéter cette phase autant de fois qu'il le faudra pour être complètement détendu. En général, quatre à cinq fois suffisent.

« Maintenant, je laisse mes pensées défiler dans mon esprit... Je ne retiens ni ne rejette aucune d'entre elles... Je les laisse passer, un point c'est tout. »

Pour y arriver, vous pouvez soit vous concentrer uniquement sur votre respiration, soit imaginer un paysage agréable (plage, montagne, campagne...) que vous aimez particulièrement.

Laissez ici cinq minutes de pose sur la bande audio puis reprenez, toujours sur le même ton. Enregistrez une phase de résolution concernant la raison de votre exercice.

Au début, commencez par des phrases simples comme : « Quand je vais me réveiller tout à l'heure, j'aurai évacué mon stress », « Quand j'ouvrirai les yeux, mes sens auront plus d'acuité qu'avant cet exercice », « Cette technique va me permettre d'accroître ma vitalité »...

Pour vous réveiller, c'est simple. Enregistrez la formule suivante à la fin de votre exercice : « Quand je voudrai me réveiller, je compterai à rebours de 5 à 1. Au fur et à mesure du décompte, je sortirai de mon autohypnose. À 5, j'ouvrirai les yeux et j'aurai retrouvé mon état de conscience ordinaire... »

À la fin de ce chapitre, vous avez à votre disposition un ensemble de techniques qu'il est bon de pratiquer régulièrement pour voir son niveau de conscience s'élever progressivement.

Libre à vous, par la suite, de partir à la recherche d'autres techniques d'autohypnose qui ne seront que des extensions de celles pratiquées ici, qui vous ouvrent grandes les portes de la conscience hypnotique.

Chapitre 15

La méditation sans objet

De quelles méthodes disposons-nous pour faire venir en soi l'extase ?

La peinture, la musique, la poésie ou la nature sont de bons conducteurs sur les sentiers de l'éclairement. Ce dont nous avons le plus besoin en ces temps difficiles c'est de vivre l'instant avec le maximum de conscience et de sérénité. La joie est un véhicule de l'extase. Un homme triste ou désenchanté aura plus de mal à gagner ces états. Trop de soucis sont un obstacle à la réalisation intérieure. Il convient donc d'équilibrer les deux plateaux de la balance : les soucis d'un côté et de l'autre les plaisirs et les joies quotidiennes. Sachons surtout équilibrer et répartir nos émotions. La méditation peut grandement y contribuer. On sous-estime bien trop souvent la fabuleuse puissance de la méditation. Notre mental n'aime que les situations compliquées, les cas complexes et difficiles. La méditation est faite pour cela : apaiser le mental et calmer l'intellect, arrêter si possible le flot lancinant des émotions et des pensées.

Un exercice très simple consiste à respirer. Rien de plus facile, n'est-ce pas ? Détrompez-vous. Savoir bien respirer peut prendre plusieurs années. Mais il faut bien un commencement, un premier pas sur le sentier. Une respiration juste et contrôlée favorise le lâcher prise. Les pensées, tant qu'elles veulent, peuvent bien partir à la dérive, le corps est stable et intrépide, l'esprit centré sur le *Hara*, ce fameux point situé à environ deux centimètres au-dessous du nombril.

Essayez simplement de respirer très calmement. Vous serez vite surpris des magnifiques résultats. Votre corps devient souple, allégé, aéré ; l'esprit est calme, décontracté. C'est un début fort prometteur et nous ne pouvons que vous encourager à continuer allégrement cette bénéfique respiration.

La pratique de la respiration

Il ne manque pas de traités concernant l'art du souffle, la plus juste manière de savoir respirer. La vogue du yoga a fait place à celle du *Qi-Gong* et des exercices taoïstes de santé. Sans oublier bien entendu la posture rigoureuse de *zazen* ou la méthode fort peu connue du Dr Hanish et de son yoga irano-égyptien.

En réalité tous les peuples ont connu depuis l'Antiquité jusqu'à nos jours des méthodes originales et efficaces de respiration.

Il n'y a pas de règles strictes dans ce domaine. Chacun doit ressentir ce qui lui convient le mieux. Une forme de respiration, qu'elle soit ventrale ou abdominale, peut être fortement conseillée à un individu particulier, cependant que la même méthode sera préjudiciable à l'équilibre de quelqu'un d'autre.

Il faut éviter le dogmatisme, les théories définitives et les recettes prédigérées. L'art de la respiration est inséparable de la lucidité et de l'esprit critique et vigilant.

Il convient également de ne pas brûler les étapes. La respiration n'est pas inoffensive. Votre souffle est le « double » en quelque sorte du souffle infini et merveilleux de l'univers. C'est l'univers qui devrait respirer en vous, vous donner de son Souffle, vous conduire à l'éveil. En fait le seul *gourou*, le seul maître spirituel authentique, ne serait-ce pas cet univers, cette multitude de plans cosmiques ?

La vacuité originelle

Méditer dans le monde, abstraction faite des conséquences, de la douleur ou du plaisir, tout en vivant le détachement, c'est là un tour de force dont bien peu d'entre nous semble-t-il sont capables. Cependant, nous n'avons guère le choix. Nous sommes soumis en permanence au stress et à l'insécurité de la vie moderne. Le corps retient les émotions et court le risque, généralement, de tomber malade à plus ou moins longue échéance.

Le vieillissement prématuré est une autre menace, sans parler de la dépression toujours latente chez la plupart des êtres humains et des multiples tracas de l'existence quotidienne. Bref, le tableau n'est pas drôle, on en perd le sourire, l'appétit et – surtout – le désir de vivre. Il existe pourtant un moyen radical de se détacher définitivement de ces contraintes annihilantes. La méditation sans objet est une merveilleuse invention ! Encore faut-il savoir la pratiquer correctement et c'est ce que nous allons justement essayer d'expliquer.

Que vous soyez assis, allongé ou debout, il importe de considérer la vacuité de tout. Qu'est-ce à dire ? La vacuité originelle est autre chose que le néant des philosophes existentialistes. Vacuité et Tao sont une même énergie. L'être humain baigne en permanence dans un immense flux d'énergie cosmique. L'énergie nous traverse, elle est en nous et hors de nous.

C'est la séparation qui crée la maladie, la douleur et le stress. En principe, c'est-à-dire en remontant aux origines de la Création, tout est fusion et harmonie. Cet état fusionnel qui engendre l'ineffable sensation de paix et de sérénité, ce que les anciens Chinois appelaient le Tao, nous désirons plus ou moins consciemment le retrouver et le garder.

Nous pouvons déjà avoir un aperçu de cet état sublime proche de la perfection lorsque nous cultivons la beauté ou l'amour. En effet, tout ce qui peut élever le cœur et la conscience d'un être le rapproche peu à peu de ce Vide absolu. Du reste, au Moyen Âge, le mot Dieu s'écrivait DIEV, anagramme de VIDE.

Le Dieu des mystiques contemplatifs de l'Occident est cette même énergie que les Chinois appellent *Tao*, les hindous *Brahma*, les adeptes du bouddhisme *Vacuité Originelle*, les Polynésiens *Mana* et les Indiens d'Amérique du Nord *Grand Manitou*.

La présence victorieuse

Ne vous préoccupez plus de rien. Faites le vide dans votre esprit. Regardez une fleur, longuement, avec attention. Devenez peu à peu cette fleur, cette orchidée ou cette rose. Vous et la fleur ne faites plus qu'UN. Dépassez même cette unité. Transportez votre esprit au-delà de toute forme. Le meilleur moyen de se centrer n'est-il pas d'oublier ses limites ? La vie est un art martial permanent et profondément réjouissant. Malgré les coups et les épreuves, le Victorieux qui est en vous, le pur héros mythologique, continue de briller, fier soleil du cosmos. Il n'y a là aucun orgueil. Tout ce qui est vivant fait partie intégrante de l'univers.

Il n'y a rien en dehors du Soi, de la Nature et du Tao. Ces trois fonctions sont identiques et elles ne forment qu'un seul mouvement. Votre être profond va se laisser porter par le rythme paisible du splendide univers. Vous n'êtes qu'une vague dans l'océan, particule vibratoire du cosmos éternel. Point n'est besoin de L.S.D. ! Il suffit d'effacer la pensée, de lâcher prise immédiatement, de succomber aux flots agiles d'un mouvement fluide et continu. C'est là la chance du corps-esprit, de pouvoir vivre *infiniment* au gré des vagues et des pulsions. Dans le feu du regard, l'intensité de toute présence, l'assise parfaite du méditant relie le ciel à la terre ferme. *Yin* et *Yang* sont unis dans la danse du destin. Tout est question d'intensités, d'une volonté de dépassement, d'une positive tension de l'Être.

Chapitre 16

Le gai rire

Le rire est, paraît-il, le propre de l'homme. On a souvent du mal à le croire à une époque où la tendance générale est plutôt à la morosité, à l'angoisse, à la peur, surtout à l'orée d'un nouveau millénaire. Le rire est cependant un puissant phénomène physique naturel qui peut devenir un facteur de développement intérieur et de changement d'état de conscience. Il faut le pratiquer comme une voie qui peut mener au non-attachement, au lâcher prise, à l'élévation de conscience, voire même à l'éveil.

Il s'agit d'abord de s'accorder sur le type de rire qu'il convient de développer sans donner des conseils trop rigides car c'est avant tout un mode d'expression personnel qui varie d'une personne à une autre. Mais, de toute façon, quel que soit votre rire, riez.

Si le rire consiste à se moquer de soi-même et à se remettre en question, il sera bénéfique et vous fera progresser. Il n'est pas question ici, bien entendu, de promouvoir le rire qui blesse l'autre, qui le rabaisse et l'humilie. Le rire spirituel est avant tout une attitude détachée envers soi-même et ses propres insuffisances. Il consiste à se voir tel que l'on est avec ses défauts et ses qualités, à les accepter et à les transformer. Seul le rire libérateur peut le permettre. Tous les grands maîtres le pratiquent sous une forme ou sous une autre.

Retrouver son être joyeux

Savoir rire ou sourire de soi montre que l'on est un acteur de sa vie mais, en même temps, un observateur de celle-ci avec bienveillance et aussi avec vigilance.

Celui qui sait rire se contrôle complètement en pensées, en paroles et en actions. Il est détendu mais, à la fois, attentif à chacun de ses mouvements. Son attitude rieuse le fait évoluer et transforme son existence en une danse permanente qui, en même temps, le met à l'unisson du cosmos. Il faut retrouver le goût et les vertus du rire pour aborder avec plus de sérénité la vie quotidienne et faire jaillir notre clown intérieur, d'autant plus qu'il est aussi doté de solides vertus thérapeutiques qui en font un médicament naturel à prendre aussi souvent que possible.

Il existe au fond de chacun de nous un être joyeux, rayonnant, équilibré. Malheureusement, il laisse trop souvent la place à son double angoissé, frustré et plein de préjugés parce que l'on ne sait pas assez rire de soi ou de ses problèmes.

Dans beaucoup de sociétés de par le monde, on utilise ainsi les vertus thérapeutiques du rire. Chez les Indiens d'Amérique, le sorcier est souvent un clown-guérisseur qui soigne ses patients en les amusant, pratique censée faire fuir les mauvais esprits. Les Dogons utilisent des séances de rire collectif pour souder leur communauté.

En Occident, les Grecs furent des pionniers en la matière avec en particulier Aristote et sa fameuse théorie de la *catharsis*. D'après lui, le théâtre devait aider l'homme à se purger de ses émotions négatives et l'inciter à cultiver ce qui était bon en lui.

Pour Aristote, le spectacle d'émotions positives et de ses propres défauts contribuait à purifier aussi bien les acteurs que les spectateurs. Les pièces comiques, notamment, permettaient à ceux-ci de rire d'eux-mêmes, de ne pas se prendre au sérieux afin de voir leur vie d'une façon plus relative, en rejetant les principes qui les empêchaient de progresser et les confinaient dans une vision trop étriquée de la réalité, leur interdisant d'évoluer.

Cette fonction cathartique du rire est aussi à la base

du psychodrame utilisé en psychothérapie. Actuellement, on retrouve cette notion dans plusieurs thérapies comme la *Gestalt thérapie* où les sujets expriment leurs problèmes à l'aide de psychodrames. Certains médecins n'ont d'ailleurs pas hésité à inciter leurs contemporains à la pratique de la joie et du rire. Déjà, pour Hippocrate et Paracelse, le pessimisme était un facteur qui retardait la guérison. Au Moyen Âge, les bouffons étaient chargés de faire rire les invités à la fin des repas pour leur assurer une bonne digestion.

Un chirurgien français, Henri de Mondeville déclara : « Le chirurgien interdira la colère, la haine et la tristesse à son patient, et lui rappellera que le corps se fortifie par la joie et s'affaiblit par la tristesse. » De son côté, un médecin anglais prétendit que « le rire était un exercice physique sain ». Malheureusement pour nous, le premier vivait au XIIIᵉ siècle et le second au XVIᵉ ! Il fallut attendre cette fin de siècle pour que certains praticiens redécouvrent les vertus de cette thérapie naturelle et de cette méthode efficace pour transcender notre état habituel de conscience.

Les endorphines : hormones du bien-être

Le meilleur exemple de cet emploi du rire et de la joie de vivre comme outils de progression intérieure est celui de l'Américain Norman Cousins. En août 1964, celui-ci est rédacteur en chef du magazine américain *Saturday Review*, et rentre d'un voyage professionnel à Moscou. Déjà dans l'avion, il ne se sent pas bien et souffre d'une légère fièvre.

Une fois de retour aux États-Unis, son état ne s'améliore pas. Ses courbatures se transforment en paralysie progressive du cou, des mains, des jambes et des bras !

On lui annonce qu'il est atteint d'une maladie très grave : une spondylarthrite ankylosante, forme de paralysie considérée comme incurable. Le collagène, tissu conjonctif de liaison des cellules, est en train de se désagréger.

Au lieu de sombrer dans la dépression, il fait le bilan de sa vie et se rend compte que, dans les mois qui ont précédé sa maladie, il a connu des phases dépressives très profondes. Il apprend que le stress peut causer un affaiblissement des défenses immunitaires. Il se dit alors que, si des contrariétés émotionnelles ont déclenché ce déséquilibre pathologique, des émotions positives pourraient très bien l'aider à recouvrer l'intégrité de ses défenses immunitaires. N'ayant rien à perdre, il décide de quitter l'hôpital, d'arrêter les calmants chimiques prescrits et d'absorber, en revanche, beaucoup de vitamine C, l'acide ascorbique étant censé oxygéner le sang. Un défaut d'oxygénation est en effet l'un des facteurs de la désintégration du collagène.

Il se dit que, si des pensées négatives et son laisser-aller psychologique l'ont mené où il en est, il est aussi capable de renverser la vapeur. Il se décide à exprimer le plus souvent possible des sentiments positifs comme l'espoir, la joie, la confiance et l'amour des autres, mais aussi de se donner plus d'occasions de rire.

Il se concocte alors une autothérapie à base de lecture de livres drôles, de visionnage de films comiques et de pensée positive. Très rapidement, il s'aperçoit que dix minutes de rire lui permettent de ne plus ressentir de douleurs pendant deux heures ! Quand le mal revient à la charge, il reprend une dose de ce traitement très spécial.

La joie de vivre lui revient peu à peu, accélérant la rapidité de sa guérison. En quelques mois de ce traitement original, il recouvre sa mobilité et ses facultés de déplacement. Norman Cousins enseigna par la suite les vertus thérapeutiques du rire à la faculté de médecine de l'université de Californie de Los Angeles.

Il avait stimulé sans le savoir ses endorphines, ces morphines naturelles produites par le corps humain et qui aident celui-ci à réagir contre le stress et la douleur physique. Elles augmentent aussi l'impact des émotions positives sur notre psychologie et notre physiologie. L'exercice physique et le sport sont de grands producteurs de ces substances chimiques naturelles qui modifient la biochimie du corps.

Le rire, les émotions et les sensations agréables sont les meilleurs moyens de déclencher leur production. La vue d'un beau paysage, de l'être aimé, un sourire, une réussite professionnelle... sont des stimuli qui sont véhiculés par le système nerveux vers le cerveau, et qui provoquent la libération d'un flot d'endorphines qui envahissent notre corps et nous procurent la paix intérieure, la sérénité et le détachement.

Depuis quelques années, le rire a aussi fait son entrée dans les hôpitaux. Aux États-Unis, de plus en plus d'établissements sont dotés de salles de rire où les malades ont à leur disposition : cassettes vidéo, livres, bandes dessinées, masques... Pour les malades incurables, greffés ou atteints d'affections graves (cancer, leucémie, sida, sclérose...), des équipes d'animateurs et de médecins spécialisés se déplacent pour les sortir de leur isolement psychologique et de leur détresse. En France, des associations comme *Le Rire médecin* animent les services de pédiatrie de plusieurs hôpitaux. Les expériences montrent que le rire permet de faciliter la communication avec le malade et de dédramatiser sa souffrance en le faisant participer activement à sa guérison. On a aussi constaté une augmentation des défenses immunitaires après plusieurs séances de ces spectacles thérapeutiques.

Le rire, un stimulant naturel

Les effets bénéfiques du rire sur le corps et l'esprit sont très nombreux. Il exerce une action sur les voies supérieures respiratoires. Il agit sur le système neurovégétatif en permettant l'activation du système parasympathique qui contrebalance l'activité du système sympathique, responsable de la production du stress.

Le rire a aussi un impact positif sur notre digestion en accélérant la production d'anticorps salivaires, de sucs gastriques et en provoquant des contractions de l'estomac et des intestins.

L'onde de choc qu'il provoque permet une détente musculaire profonde car il fait fonctionner de nombreux muscles, des zygomatiques faciaux à ceux des membres inférieurs en passant par les abdominaux.

Tout ce qui stimule la joie de vivre aurait, d'après beaucoup de psychologues, un impact bénéfique sur notre fonctionnement physiologique en augmentant l'influx nerveux qui les entretient. Comme le dit le

Dr Raymond Moody : « Certaines douleurs et souffrances deviennent parfois plus aiguës par le simple fait d'y prêter attention. Le rire peut diminuer la conscience de soi, de ses ennuis. L'humour agit de même, en détournant l'attention de la douleur. » (*Guérissez par le rire*, Robert Laffont.)

Cela illustre à merveille le vieil adage biblique qui dit qu'« un cœur joyeux vaut mieux qu'un médicament ». Cet effet positif s'explique parfaitement quand on connaît l'impact des pensées négatives et des contrariétés sur la douleur.

En effet, quand un point douloureux ou une souffrance apparaissent dans une partie du corps, toute notre attention se concentre sur eux. Par réflexe, mais aussi à cause de notre conception habituelle de la souffrance considérée comme une ennemie, nous contractons les muscles entourant le point douloureux, augmentant par là même la douleur physique. L'effet anesthésiant de l'hilarité pourrait aussi provenir de l'affaiblissement du tonus musculaire qui en résulte. Toujours d'après le Dr Raymond Moody : « Une augmentation inconsciente de la contraction musculaire accroît ou produit une céphalée ; des propos humoristiques font rire la personne et abaissent le tonus musculaire de la région douloureuse, faisant disparaître la souffrance. »

Tremper sa vie dans l'humour

Beaucoup de thérapeutes proposent de retrouver le clown intérieur qui sommeille en nous. Parmi eux, le Dr Tal Schaller s'est associé avec un clown, Kinou, pour organiser des conférences d'un genre nouveau où le conférencier (Tal Schaller) aborde l'aspect thérapeutique tandis que Kinou s'applique à faire rire l'auditoire. Notre clown intérieur reste, en général, caché à cause de la fausse image que nous avons de nous. Il est possible de le réveiller en pratiquant la relaxation, en essayant de positiver nos pensées et en laissant parler notre intuition.

Pour le Dr Tal Schaller, il faut se débarrasser de la

peur d'être ridicule, mais aussi pratiquer des activités qui nous apportent de la joie. Voir la vie avec bonne humeur ne signifie pas nier les problèmes mais les aborder d'une façon positive. En effet, ne pas se prendre au sérieux permet de dédramatiser ses malheurs. Rire de ses ennuis ne veut pas dire les sous-estimer mais les relativiser. Les aborder avec un état d'esprit dynamique et volontaire. Les gens qui aiment rire sont, encore trop souvent, considérés comme de grands enfants bien gentils et agréables à fréquenter certes, mais pas comme des personnes fiables et sérieuses !

Il est important de réconcilier les notions de joie de vivre et d'efficacité. Il faut donc essayer d'instiller de l'humour et du plaisir dans sa conception du monde, dans son activité professionnelle, avoir des activités qui procurent vraiment de la joie. De même, pardonnez à tous ceux qui vous offensent, ne cultivez pas la rancœur ou le ressentiment. Tout cela pouvant finir par un bel ulcère d'estomac. Il faut aussi exprimer ses sentiments et ses émotions même si on vous a dit le contraire, dans votre enfance ou plus tard. Quand vous le pouvez : pleurez, criez, riez. C'est le meilleur moyen de ne pas voir des émotions comme la jalousie, la rancœur, l'envie, l'angoisse... se transformer en maladies.

Semer le rire

Changer de comportement n'est pas difficile. Cela peut commencer par des gestes simples en famille, avec ses enfants. Provoquer le rire sera toujours un bon moyen de détendre toutes les situations. Quand vous voyez des amis, au lieu de leur tomber dessus avec vos malheurs, commencez par leur raconter des histoires comiques ou les événements drôles qui vous sont arrivés. Au lieu de mettre vos enfants sous perfusion devant la télévision, inventez des contes, chantez-leur des chansons, faites des tours de magie ou mettez en scène des sketches où ils participent activement. Vous n'êtes pas obligé de faire compliqué : un nez rouge, une perruque, des faux cils... et le tour est joué. Le simple fait de mettre un nez rouge peut déclencher des rires aussi bien chez les adolescents que chez les adultes. Inventez, détournez ou utilisez des jeux déjà existants.

Si vous allez voir des malades, essayez de les distraire avec quelques farces et attrapes adaptées à leur personnalité et à la gravité de leur maladie. Apportez-leur des livres drôles, des jouets, des caricatures, des bandes dessinées... Participez ou organisez des fêtes chez vous, dans votre immeuble, votre quartier, votre ville... C'est un très bon facteur d'intégration sociale entre voisins ou entre cultures différentes. Des études faites par des gériatres ont même démontré que les personnes atteignant un âge avancé en bonne santé physique et mentale étaient, en général, animées d'une grande volonté de vivre, menaient une vie sociale active et possédaient un solide sens de l'humour. Il importe donc, dès maintenant, et quel que soit son âge, de développer un état d'esprit positif et de cultiver la bonne humeur aussi bien pour vivre vieux que pour se défendre contre toutes les agressions physiques et mentales de l'existence. En effet, seul le bon fonctionnement de nos mécanismes physiologiques et psychologiques peut nous permettre de développer des réactions adaptées aux agressions extérieures, évitant bien souvent qu'elles ne se transforment en maladie.

La liste des plaisirs

Pour le cancérologue américain Carl Simonton, un pionnier dans le domaine de la thérapeutique psycho-immunitaire, les maladies psychosomatiques seraient, en partie, déclenchées par l'incapacité des individus à éprouver du plaisir. Ainsi, dans son traitement, il délivre une ordonnance assez originale appelée « la liste des plaisirs ».

Elle consiste pour chaque patient à dresser la liste des vingt-cinq plaisirs qui lui tiennent le plus à cœur, des plus frivoles aux plus irréalisables. Chaque jour, chacun doit, en guise de médicament, réaliser deux d'entre eux. Cette posologie agréable permet aux malades de retrouver le goût du bonheur. Même si l'on n'est pas malade, c'est une idée à mettre en œuvre dans sa vie quotidienne.

La méditation par le rire

Dans la plupart des traditions spirituelles, l'« hilarothérapie » occupe aussi une grande place et les maîtres insistent beaucoup sur sa nécessité dans tout chemin de développement spirituel.

Un des traits majeurs de la personnalité des grands sages est l'humour et leur faculté de communiquer celui-ci autour d'eux. Ce qui facilite d'ailleurs l'assimilation par celui qui rit des principes ou des enseignements dispensés car le rieur se met en totale ouverture positive et devient un canal de l'énergie qu'il va, à son tour, transformer et transmettre.

L'humour semble aussi être la caractéristique des grands maîtres dans toutes les traditions. Le *Dalaï-Lama* est toujours radieux et rayonnant. Ce qui ne l'empêche pas d'avoir une compréhension profonde des problèmes de l'humanité et des solutions à y apporter.

Il suffit de voir aussi avec quelle force les histoires drôles de la communauté juive ont aidé tout un peuple à surmonter les épreuves d'une existence tourmentée, ainsi que le prouvent les fameuses anecdotes comiques de la tradition *ashkénaze* d'Europe de l'Est.

La méditation est une des clés de la découverte de la joie intérieure. Le Dr Jacques Vigne rappelle dans *Éléments de psychologie spirituelle* (Albin Michel) que la méditation est un excellent moyen de retrouver son soi intérieur. Il souligne que pour les méditants la vacuité n'est pas un néant angoissant mais un accès à ses capacités profondes. Il existe même une méditation spécifique par le rire.

Voici un exercice de quinze minutes qui a été mis au point par le maître indien Baghwan Shree Rajneesh (Osho).

Il se compose de trois parties : étirement des muscles, séance de rire et période de silence.

Cette forme de méditation est facile à pratiquer, seul ou en groupe, de préférence le matin, au lever, à jeun.

1 – Vous étirez tous vos muscles en bâillant le plus possible. Commencez par étirer vos pieds et finissez en travaillant les muscles du visage en faisant des grimaces, en mettant vos doigts dans la bouche. 5 minutes.

2 – Riez progressivement de plus en plus fort avec le ventre et sans garder le son au niveau de la gorge. Même si vous êtes contracté au départ, vous vous laisserez très vite aller, sans avoir peur du regard de l'autre. Vous exprimerez ainsi la part joyeuse de votre être. 5 minutes.

3 – Ensuite, vous faites silence, vous fermez les yeux et vous restez focalisé sur votre respiration abdominale qui doit être lente et profonde.

Laissez vos idées passer sans vous arrêter sur l'une d'entre elles, qu'elle soit agréable ou désagréable. Acceptez ce que vous êtes à ce moment. Si vous vous laissez distraire par votre mental, revenez à votre respiration.

Le goût de la simplicité

Un autre moyen de retrouver notre aptitude au bonheur est de retrouver le goût des plaisirs simples.

Ainsi, pour le vénérable Thich Nhat Hanh, moine zen : « Notre vraie demeure est dans le maintenant. Vivre dans l'instant présent est un miracle. Le miracle n'est pas de marcher sur l'eau. Le miracle est de marcher sur la terre verte (...), d'apprécier la paix et la beauté qui nous entourent maintenant. » (*La Plénitude de l'instant*, Dangles.)

Cela exige d'ouvrir ses sens et de prendre conscience des gestes et des joies les plus simples : manger en étant vraiment conscient de ce que l'on mange, apprécier le spectacle d'un enfant qui rit, le parfum d'une fleur; l'odeur de la végétation après la pluie... Toutes nos fonctions corporelles pleinement utilisées peuvent être de formidables sources de satisfaction intérieure.

La convivialité et le partage sont aussi des méthodes efficaces pour susciter des émotions positives. À quoi bon un plaisir éprouvé dans son coin, pour soi-même ? Quel bonheur quand on peut lire dans les yeux de l'autre la gaieté, l'amour... !

Le rire se révèle d'ailleurs un critère important dans le choix d'une voix spirituelle. Si le maître dont vous voulez suivre les enseignements est dépourvu du moindre sens de l'humour ou si ses disciples ont avalé un portemanteau, vous pouvez choisir une autre voie car une trop grande prise au sérieux de soi-même et trop de principes, quels qu'ils soient, révèlent un ego très développé et s'accompagnent souvent d'intolérance, de manque d'ouverture et de rigidité dans la pratique.

Par-dessus tout, il faut apprendre à se faire confiance et à ouvrir sa conscience pour accéder à une plus grande compréhension des choses et des êtres. Ainsi, pour les bouddhistes, l'ignorance est la véritable cause de la souffrance de l'homme car elle est responsable de nos peurs.

La pratique spirituelle aide à lâcher prise par rapport à ce que nous considérons habituellement comme fondamental mais qui, en fait, nous éloigne souvent de notre véritable nature, et qui, grâce à la méditation, révèle son caractère illusoire. Il est possible de retrouver la paix intérieure, indispensable pour élever son état de conscience, en « gai-rissant » sa vie.

Nous disposons tous en nous d'une formidable énergie que le rire peut contribuer à débloquer et à exprimer. Plus il sera spontané et sans calcul, plus il brisera nos barrières mentales avec facilité. Il faut avoir le courage de vouloir sincèrement changer et d'être capable de vivre pleinement son être intérieur. Le rire permet d'ouvrir ses sens et de mieux percevoir la beauté du monde qui nous entoure. Cet affinage sensoriel amène à faire une expérience plus directe et plus vraie de la réalité. Ce qui entraîne inévitablement un changement de niveau de conscience.

Les peurs se dissolvent, notre être véritable s'extirpe de sa cosse d'ignorance. Nous changeons physiquement et psychiquement. Le rire est un outil de développement personnel accessible avec peu d'efforts et qui nous permet de fabriquer nos propres remèdes biochimiques internes.

Aussi, n'hésitez plus : riez votre vie !

Chapitre 17

L'acceptation de l'innocence

Rire de soi honnêtement est une forme de courage. Un chercheur spirituel ne devrait jamais se prendre trop au sérieux. Son amour de la vie n'aura d'égal que le respect qu'il voue aux êtres et... à lui-même. Le gai savoir est une sagesse indélébile et dionysiaque, c'est-à-dire naturelle, spontanée et consciente.

Nous voici parvenus au terme de ce voyage. N'est-ce pas plutôt un commencement ou un retour à l'Origine ? Nous espérons que vous serez nombreux à pratiquer les exercices conseillés. N'hésitez pas bien entendu à modifier ces exercices, selon votre intuition et votre intime sensation. Nous n'insisterons jamais assez sur ce point primordial : soyez *libre* avant tout et ne croyez jamais personne, tant que vous n'aurez pas vous-même vérifié et expérimenté, « dans un corps et une âme », le bien-fondé de ces techniques. Gardez toujours l'esprit critique et ne brûlez aucune étape ! Les plus grandes entreprises commencent toujours par de petites choses et ce n'est qu'une fois arrivé au sommet que l'on peut mesurer le chemin parcouru, la suite des doutes et des épreuves, les amitiés et les rencontres – et le « hasard » providentiel –, ce qui fait la magie et le charme du destin, ce que l'écrivain autrichien Joseph Roth appelait « le poids de la Grâce ».

La pensée créatrice

Les mots n'ont véritablement de sens qu'à partir du moment où ils sont vécus, digérés, intégrés, conscientisés au fond de soi. C'est la conscience qui donne aux mots et aux expressions leur véritable valeur. La profondeur est dans le sens. Le cœur du sens est dans l'esprit, dans l'intention de qui le pense. L'être et le vide sont naturels. La vacuité demeure en nous au sein des gouffres et des volcans. Un rire de feu dilate l'espace comme une musique venue d'ailleurs, au plus profond des évidences, des sensations intransmissibles.

« Nasr Eddin et l'un de ses amis flânent en bavardant au bord de la rivière.

– Oh ! regarde ces poissons ! s'exclame le Hodja. Comme ils sont heureux dans l'eau !

– Comment un homme sage comme tu l'es peut-il proférer de telles sottises ? objecte l'autre. Tu n'es pas un poisson, que je sache, et tu ne peux savoir ce qu'ils éprouvent...

– Et toi, tu n'es pas moi, que je sache, et tu ne peux savoir ce que je sais. »

Certains mots peuvent agir comme des *mantras*, ces formules magiques du Tibet ou de l'Inde que prononcent les ascètes dans un but bien précis. Pour un Occidental qui ne connaîtrait rien aux religions orientales ou qui préférerait s'en remettre aux traditions de son pays, il est toujours possible d'utiliser les mots à des fins magiques et/ou thérapeutiques. Le mot est lié à l'utilisation positive et créatrice de la pensée. Par exemple, quelqu'un qui ayant soif et désirant étancher sa soif, ne trouverait pas à portée de main la moindre occasion d'y remédier matériellement, peut alors se concentrer et prononcer intérieurement une phrase positive, du type : « La fontaine est en moi. Je suis grandement désaltéré », « Il fait de plus en plus frais et la soif me quitte », « Je vais boire le verre d'eau de ma propre énergie, je suis capable de surmonter cette épreuve passagère »...

La puissance de notre pensée est telle qu'il est possible à chaque instant de surmonter la souffrance et les inconvénients majeurs. Cela demande seulement un peu de clairvoyance et une forte volonté. Sans volonté, rien n'est possible. Jusqu'au moment encore lointain où l'esprit pourra voler de ses propres ailes et laisser de côté toute crispation et tout effort. C'est le stade supérieur, celui que les taoïstes appellent si justement le « non-agir » (en chinois : le *wu-wei*).

La substance de l'éveil

Le non-vouloir taoïste est une clé fondamentale de l'extase. L'application de ce principe dans l'utilisation quotidienne du langage et de la pensée consiste à laisser dire, à laisser s'exprimer l'émotion et le souffle de la vie, à ne rien retenir, considérant que les mots sont comme de l'eau qui coule, comme une danse invisible qui part du cœur et monte au Ciel. Mais le Ciel dans la cosmogonie taoïste n'a rien à voir avec la conception judéo-chrétienne et moraliste habituelle. Le Ciel est une dissolution fixe. La vérité de cette formule peut nous sembler trop hermétique. La substance de l'éveil vit au cœur du silence.

L'esprit se dissout dans le Tao. Les formes reviennent à l'Origine, au non-être informel, à l'au-delà de tout état.

Quand on parle de Tao, de Ciel ou d'extase, on fixe « quelque chose » avec les mots et le mental. Ce qui est fixé devient un mot, une phrase ou un concept, une émotion ou une idée, qui à son tour va engendrer... et ainsi de suite à l'infini.

C'est dans ce sens très rigoureux que nous pouvons employer cette expression pour le moins étonnante.

Le Ciel est une dissolution fixe. Cette simple phrase est un *koan*, une devinette énigmatique qui peut servir de tremplin – de démarrage métaphysique – à tout esprit qui cherche du sens.

Car c'est le sens qui fait défaut à la plupart des expressions. L'homme s'exprime par habitudes. Les mots sont morts, n'ont plus de sève. Il faut donner un nouveau souffle aux « mots de la tribu » (Mallarmé). Prendre chaque mot et l'isoler, le contempler et le comprendre afin d'extraire le sens des sens, l'essence du sens, le sens *réel*.

L'existence est tissée de symboles et de rêves qui modifient en profondeur notre conscience d'être vivant. L'innocence est comprise dans le cours du destin. C'est une prière qui sanctifie l'intelligence de l'esprit-roi. La perfection est d'ici-bas, en deçà d'un constat trop souvent nihiliste, car c'est l'Esprit (le Soi ultime) qui transcende l'être et sa vision. Si chaque instant est une offrande digne des dieux providentiels, l'espoir subsiste, et la confiance, afin de vivre le dépassement des illusoires limites du monde.

L'écriture nous permet de fixer la pensée, mais cette parole ne fait qu'ouvrir un vaste champ de connaissance. Toute provisoire incarnation suppose en l'être une force de vie qui comporte aussi bien le courage et le rire, l'humilité et la noblesse, la compassion et la sagesse.

Bien que la fin tant attendue du *Kali Yuga* (l'Âge Sombre) ne soit prévue, selon la cosmogonie hindoue, qu'au milieu du XXVe siècle, la Tradition, immémorable, continue de veiller dans le cœur des hommes libres, de telle sorte que la vie dans sa fière plénitude soit l'occasion des retrouvailles avec la grâce et la magie d'une indicible divinité. L'action des hommes n'est qu'un reflet de cette urgence intemporelle. Le détachement des lois mondaines procure une joie incomparable. La conscience est un aigle qui traverse l'absolu à la vitesse d'un météore venu des nuits originelles. L'univers intérieur est si vaste et si clair qu'il transfigure sensiblement notre rapport à l'existence.

Le corps, l'esprit et la vision, qui font que l'homme devient divin dès qu'il accepte sans hésiter l'intensité du dépassement, guident la conscience vers les sommets d'une démesure transpersonnelle.

La volonté exacerbée par les promesses tenues secrètes d'une alchimie des corps subtils conduit l'adepte du Grand Œuvre jusqu'aux rivages du non-agir.

L'acceptation et la compréhension du monde tel qu'il a toujours été et tel qu'il devrait toujours être, hors de toute pollution, de toute souillure préjudiciable, de tout instinct de destruction, pourront permettre à l'être humain de retrouver son vrai visage, d'intelligence et d'innocence, dans le respect de toute vie « vivante et aimante ».

Paris, 22 décembre 1994.

Philippe Kerforne

Journaliste, traducteur et écrivain, Philippe Kerforne s'est spécialisé dans les domaines de la spiritualité, de l'étude des religions, des traditions spirituelles et des techniques de développement personnel. Il a ainsi fait paraître le seul livre français sur le rêve lucide. S'il a fait de la santé son domaine de prédilection, il cherche surtout à approfondir et à vulgariser toutes les techniques visant à améliorer l'état de santé fondamental de l'homme et à faciliter le retour à l'unité corps-esprit.

Depuis une dizaine d'années, il a collaboré aux supports de presse suivants : *Le Parisien, Impact Médecin, Psychologies, Nouvelles Clés, Le Monde Inconnu, L'Autre Monde.*

Principaux ouvrages de Philippe Kerforne

Dialogue avec un lama occidental, Dervy, 1991.
Les Rêves lucides, L'Âge du Verseau, Belfond, 1991.
Calendrier de l'Abbé Julio, Dervy, 1993.
Le Dharma et la Vie, Albin Michel, 1993.
Hypnose et autohypnose. Pour une initiation pratique au quotidien, Dangles, 1994.
L'art de guérir selon l'Abbé Julio, Dervy, 1994.
Sextasy, Dynapost, 1996.
Ces parfums qui soignent, en collaboration avec Marc-L. Questin et le Dr Jean-Claude Houdret, Presses du Châtelet, 1997.

Philippe Kerforne

Journaliste, traducteur et écrivain, Philippe Kerforne s'est spécialisé dans les domaines de la spiritualité, de l'étude des religions, des traditions spirituelles et des techniques de développement personnel. Il a ainsi fait paraître le seul livre français sur [illegible]. Il a fait de la santé son domaine de prédilection. Il cherche surtout à [illegible] et à vulgariser toutes les techniques [illegible] de santé [illegible] de l'homme et à favoriser le retour à l'unité corps-esprit.

Depuis une dizaine d'années, il a collaboré aux supports de presse suivants : Le Figaro, Impact Médecin, Psychologies, Nouvelles Clés, Le Monde Inconnu, L'autre Monde.

Principaux ouvrages de Philippe Kerforne

[illegible], 1991.

Les rêves [illegible], L'Âge du Verseau, Belfond, 1991.

[illegible], Anne Carrière?, 1993.

[illegible], Albin Michel, 1993.

[illegible], Dangles, 1995.

[illegible], Dervy, 1995.

[illegible], 1996.

[illegible], en collaboration avec [illegible] et le Dr Jean-Claude Houdret, Presses du Châtelet, 1997.

Marc-L. Questin

Magnétiseur et journaliste, Marc-Louis Questin étudie depuis l'adolescence tout ce qui concerne les rituels religieux et les pouvoirs cachés de l'être humain, les civilisations disparues et la guérison spirituelle.

Il a pratiqué en particulier le bouddhisme tibétain et japonais, les enseignements rosicruciens, la chevalerie et le druidisme et s'est longuement formé à la musicothérapie chamanique et au *yoga nidra*, ainsi qu'à la médecine chinoise et aux arts martiaux. Il anime des stages et donne des conférences sur les grands thèmes de l'ésotérisme universel.

Il a collaboré aux revues suivantes : *L'Inconnu, Nouvelles Clés, Oxygène, L'Autre Monde, Médecine naturelle, Le Monde Inconnu, Rêver, Tendrel.*

Principaux ouvrages de Marc-L. Questin

La Médecine druidique (avant-propos d'Étienne Guillé), rééd. Le Rocher-Brocéliande, 1997. Ouvrage traduit en langue italienne et polonaise.
Musiques de transe et d'éveil, L'Originel, 1990.
La guérison chamanique, Guy Trédaniel, 1991.
Le Guide initiatique des arts martiaux, Montorgueil, 1992.
La Renaissance du chamanisme, Dervy, 1993.
Le Secret de l'éternelle jeunesse (en collaboration avec Richard Khaitzine), avant-propos d'É. Guillé, G. Trédaniel, 1993.
La tradition magique des Celtes, Fernand Lanore, 1994.
La Connaissance sacrée des druides, Fernand Lanore, 1995.
Ces parfums qui soignent, en collaboration avec P. Kerforne et de Dr Jean-Claude Houdret, Presses du Châtelet, 1997.
La Splendeur du chamane, Le Rocher, 1997.

Bibliographie

John Blofeld, *Les mantras*, Dervy.

Yann Brékilien, *Le message des Celtes*, Le Rocher.

Norman Cousins, *La volonté de guérir*, Points Actuels, Le Seuil.

Pierre Delorme, *Les Arts martiaux appliqués aux affaires*, First.

Taisen Deshimaru, *Le chant de l'immédiat satori*, Retz.

K.-G. Durckheim, *Hara, centre vital de l'homme*, Le Courrier du Livre.

Gérard Edde, *Le Dragon de poche*, Montorgueil.

Eric Edelmann, *Plus on est de sages, plus on rit*, La Table Ronde.

Pierre Feuga, *Les 1122 méditations tantriques, Le Vijnaña-Bhairava*, L'Originel.

Isabelle Filliozat, *L'Alchimie du bonheur*, Dervy.

Pierre Fluchaire, *La révolution du rêve*, Dangles.

Étienne Guillé, *L'énergie des pyramides et l'homme*, L'Originel.

Étienne Guillé, *L'Homme entre ciel et terre*, L'Originel.

Aldous Huxley, *Les portes de la perception*, Le Rocher.

Aldous Huxley, *Moksha*, Le Rocher.

C.-G. Jung, *Ma vie*, Buchet-Chastel.

J.-C. Marol et D. Roumanoff, *Sois sage*, La Table Ronde.

Jean-Louis Maunoury, *Hautes sottises de Nasr Eddin Hodja*, Phébus.

Menaka de Mahodaya, *Danseuse sacrée*, Robert Laffont.

Michel Random, *L'Art visionnaire*, Api.

Bernard Sarrazin, *Le rire et le sacré*, D. de Brouwer.

Tal Schaller (Dr) et Kinou, *Rire pour Gai-rire*, Éditions Vivez Soleil.

Tchouand Tseu, *Œuvres complètes* Gallimard (Traduction de Liou Kia-hway).

Thich Nhat Hanh, *La Paix, un art, une pratique*, Le Centurion. *La sérénité de l'instant*, Dangles. *Le Miracle de la pleine conscience*, L'Espace Bleu.

Alan Watts, *Mémoires*, Fayard.

SPIRITUALITÉ - ÉSOTÉRISME

Collection dirigée par Laurence E. Fritsch
Livres disponibles en 1997

L'APRÈS-MORT
Georges Barbarin
LA ROUE DE LA MÉDECINE
Sun et Wabun Bear
VAINCRE LA CODÉPENDANCE
Melody Beattie
POUR COMPRENDRE LE BOUDDHISME
Samuel Bercholz/Sheras Chödzin Kohn
MEDHI, L'INITIATION D'UN SOUFI
Jean-Louis Bernard/Bernard Duborg
GUIDE DES TECHNIQUES DU MIEUX-ÊTRE
GUIDE DES MÉDECINES DIFFÉRENTES
Marie Borrel/Ronald Mary
LA FORCE DU BOUDDHISME
Jean-Claude Carrière/Dalaï-Lama
LE TAO DE LA VOIX
Stephen Chun-Tao Cheng
LES PENSÉES DE CONFUCIUS
LE SECRET DE LA FLEUR D'OR
Thomas Cleary
LE BOUDDHISME ET LA SPIRITUALITÉ ORIENTALE
Pierre Crépon
LA LUMIÈRE DU DHARMA
OCÉAN DE SAGESSE
Dalaï-Lama
AU PAYS DES BRIGANDS GENTILSHOMMES
LE BOUDDHISME DU BOUDDHA
IMMORTALITÉ ET RÉINCARNATION
L'INDE OÙ J'AI VÉCU
JOURNAL - tomes 1 et 2
LE LAMA AUX CINQ SAGESSES
LA LAMPE DE SAGESSE
MAGIE D'AMOUR ET MAGIE NOIRE
MYSTIQUES ET MAGICIENS DU TIBET
LA PUISSANCE DU NÉANT
LE SORTILÈGE DU MYSTÈRE
SOUS UNE NUÉE D'ORAGES
LA VIE SURHUMAINE DE GUÉSAR DE LING
VOYAGE D'UNE PARISIENNE À LHASSA
Alexandra David-Néel
LA MORT ACCOMPAGNÉE
Garance Denaux

LA MÉMOIRE DES VIES ANTÉRIEURES
Denise Desjardins
GUÉRIR PAR LA MÉDECINE CHINOISE
Roland Di Sabatino
NOUS SOMMES TOUS IMMORTELS
DES VIES ANTÉRIEURES AUX VIES FUTURES
GUÉRISON SPIRITUELLE ET IMMORTALITÉ
Patrick Drouot
PRATIQUE DE L'EXPÉRIENCE SPIRITUELLE
Karlfried Graf Dürckheim
L'ÂME DE L'INDIEN
Charles Eastman (Ohiyesa)
LE TAO DE L'HABITAT
L'ÉNERGIE CURATIVE DES COULEURS
Gérard Edde
TROUVER SON PROPRE CHEMIN
Isabelle Filliozat
LE LIVRE DE LA MÉDITATION
David Fontana
CHAMANE, GUÉRISSEUR DE L'ÂME
John A. Grim
À L'ADRESSE DE CEUX QUI CHERCHENT
Alain Guillo
LA VOIE SPIRITUELLE DU CHAMANE
Michael Harner
LA MORT INTIME
Marie de Hennezel
COMMENT COMPRENDRE SON HOROSCOPE ?
Germaine Holley
VOYAGE VERS LE MAÎTRE DE LA PUISSANCE
Ibn'Arabi
SAGESSE ÉGYPTIENNE
Christian Jacq
SOYEZ ZEN
VIVRE ZEN
Charlotte Joko Beck
LA RÉINCARNATION EST-ELLE POSSIBLE ?
Robert Kastenbaum
LE GUIDE DE LA JOIE PERMANENTE
P. Kerfone/M. Quentin
TRANSFORMEZ VOS DÉSIRS EN RÉALITÉ
Richard Khaizine
LA MORT EST UN NOUVEAU SOLEIL
LA MORT, DERNIÈRE ÉTAPE DE LA CROISSANCE
Elisabeth Kübler-Ross
DO IN, LA VOIE DE L'ÉNERGIE
Anne-Béatrice Leygues

TROUVEZ VOTRE PARTENAIRE
GRÂCE À LA NUMÉROLOGIE
Philippe de Louvigny
VOYAGE AU BOUT DE LA VIE
Bernard Martino
TU TE LIBÉRERAS DE TES CHAÎNES
Gérard G. May
L'ENSEIGNEMENT DE L'ARBRE-MAÎTRE
Mario Mercier
MAÎTRISEZ VOTRE DESTIN
Philippe Morando
PAROLES DES SAGES D'AMÉRIQUE DU NORD
Kent Nerburn – Louise Mengelkoch
VIVRE LA VOYANCE
Rosana Nichols
LA VIE APRÈS LA MORT!
Nils O'Jacobson
CE QU'ILS ONT VU AU SEUIL DE LA MORT
Karlis Osis et Erlendur Haraldsson
LA REBIRTH-THÉRAPIE
Jacques de Panafieu
MOLAM
Marie-Jaoul de Poncheville
L'AUTRE CÔTÉ DE LA VIE
Philippe Ragueneau
COMMENT SORTIR DE SON CORPS
Bernard Raquin
DÉCODEZ VOS RÊVES
UN PRÉNOM À VIVRE
Geneviève Salvatge
SAGES D'ORIENT
Idries Shah
LE RIRE DU TIGRE
Marc de Smedt
VOS VIES ANTÉRIEURES
Elaine Stephens
L'UNIVERS EST UN HOLOGRAMME
Michael Talbot
LA MAGIE DES RUNES
Edred Thorsson
CES POUVOIRS QUI SONT EN VOUS
John Volkmar
YI-KING AU QUOTIDIEN
Greg Whincup

SPIRITUALITÉ - ÉSOTÉRISME

collection dirigée par Laurence E. Fritsch

(*) Les ouvrages suivis d'un astérisque sont des inédits

Barbarin Georges
L'après-mort
Une petite encyclopédie des différentes conceptions de l'au-delà dans toutes les traditions.

Beatty Melody
Vaincre la codépendance
Comment reconnaître et maîtriser les processus de la dépendance à une drogue, au travail ou à autrui.

Bear Sun et Wabun
La roue de la médecine
La vie amérindienne du cosmos, les animaux, végétaux et minéraux totems des douze lunes et des quatre saisons.

Borrel Marie et Mary Ronald
Le guide des techniques du mieux-être *
... pour connaître les techniques de développement personnel et choisir la vôtre, de la méthode Silva au Reiki en passant par le biofeedback.

Le guide des médecines différentes *
... pour tout connaître sur les médecines douces et les autres, leur mode de fonctionnement et leur spécificité thérapeutique.

Chun-Tao Cheng Stephen
Le Tao de la voix *
Maîtriser le souffle et la voix est le premier pas vers l'éveil de soi.

Cleary Thomas
Le secret de la Fleur d'Or *
Une nouvelle traduction d'un des plus beaux textes de la sagesse chinoise. Un grand classique.

Crépon Pierre
Le bouddhisme et la spiritualité orientale
De Abidharma à Zen, le dictionnaire des philosophies et des notions de la spiritualité orientale. Un ouvrage fondamental.

Dalaï Lama (S.S. le XIVe)
La lumière du Dharma
Un enseignement clair et concis résumant la doctrine du Bouddha. Un livre essentiel, véritable catéchisme du bouddhisme.

Denaux Garance
La mort accompagnée *
Un témoignage émouvant de trois cas d'accompagnement et des conseils aux familles pour trouver les mots et les gestes. Un livre qui bouleverse.

Desjardins Denise
La mémoire des vies antérieures
Des témoignages sur des expériences exceptionnelles vécues lors de « lyings » pratiqués en Inde avec des maîtres. Un ouvrage fondamental.

Di Sabatino Roland Dr.
Guérir par la médecine chinoise *
Respecter les cycles saisonniers, leur diététique selon la médecine chinoise et leurs couleurs pour mieux être au quotidien.

Drouot Patrick
Nous sommes tous immortels
Un grand classique sur le voyage avant la vie et ses conséquences thérapeutiques pour l'homme d'aujourd'hui.

Des vies antérieures aux vies futures
Revivre le passé permet-il de se projeter dans le futur ? Réflexions d'un voyageur du temps.

Dürckheim Karlfried Graf
Pratique de l'expérience spirituelle
Préface de Jacques Castermane
Un grand classique sur la découverte de l'être intérieur et la quête du sens de la vie.

Edde Gérard
Le Tao de l'habitat
Organiser son intérieur en harmonie avec les lois cosmiques pour y vivre heureux et en bonne santé.

Filliozat Isabelle
Trouver son propre chemin
La connaissance de soi en 60 exercices : s'aimer, se réaliser, grandir. Un livre guide pour un parcours intérieur.

Fontana David
Le livre de la méditation *
Étude comparée des différentes façons de méditer de par le monde et dans toutes les traditions. Un ouvrage de référence qui donne nombre de conseils pratiques très judicieux.

Grim John A.
Chamane, guérisseur de l'âme *
Une étude fondamentale sur les phénomènes de transe, sur le dialogue avec le cosmos et les processus de guérison des chamanes sibériens.

Guillo Alain
A l'adresse de ceux qui cherchent
Préface du Père François Brune
Dans la solitude d'une prison afghane, le témoignage lumineux d'un homme soutenu par une volonté supérieure et sauvé par son dialogue avec l'au-delà. Un message d'amour qui invite à porter un autre regard sur le monde.

Harner Michael
La voie spirituelle du chamane
Un grand texte devenu classique, passionnant témoignage vécu, initiation au voyage chamanique, ouverture sur une méthode de guérison.

Holley Germaine
Comment comprendre votre horoscope
Un grand classique pour s'initier à l'astrologie, science de connaissance de soi et d'évolution.

Ibn'Arabi
Voyage vers le maître de la puissance
Le manuel de méditation du chef spirituel du soufisme.

Joko Beck Charlotte
Soyez zen *
Un ouvrage devenu un classique qui explique aux Occidentaux, dans leur langage, les bienfaits du zen au quotidien : vivre le moment présent, observer, faire silence et choisir ou non d'agir.

Khaizine Richard
Transformez vos désirs en réalité *
Des expériences guidées de visualisation créatrice pour réussir sa vie tant au plan affectif que professionnel.

Kübler-Ross Elisabeth Dr
La mort est un nouveau soleil
Des témoignages saisissants prouvant que la mort est le passage à un autre état de conscience.

La mort, dernière étape de la croissance
Convergences et divergences des différents regards que les religions et les philosophies du monde entier portent sur la mort en tant qu'étape de l'évolution spirituelle.

Leygues Anne-Béatrice
Do-In, la voie de l'énergie
Un auto-massage en douceur à faire partout pour retrouver le bien-être physique et mental.

Louvigny Philippe de
Trouver son partenaire grâce à la numérologie *
La méthode Louvigny appliquée aux affinités électives.

May Gérald
Tu te libéreras de tes chaînes *
S'affranchir de la codépendance par la spiritualité et la prière.

Morando Philippe
Maîtriser votre destin
Des repères pour comprendre la cause de ses échecs et vivre la pensée positive.

Nichols Rosana
Vivre la voyance *
... telle une vocation, une mission pour aider les autres sans les rendre dépendants. Le témoignage d'une voyante recueilli par un scientifique.

O'Jacobson Nils Dr
La vie après la mort ?
Les toutes premières expériences de parapsychologie et les témoignages des pionniers de ces recherches. Un classique.

Osis Karlis Dr/Haraldsson Erlendur Dr
Ce qu'ils ont vu au seuil de la mort
Une passionnante enquête scientifique internationale où des mourants et des personnes ayant vécu des expériences proches de la mort relatent leur vision de l'au-delà. Un classique.

Panafieu Jacques de
La rebirth-thérapie
Grâce à une technique particulière de respiration, revivre sa naissance, dénouer des tensions et renaître à soi-même.

Raquin Bernard
Comment sortir de son corps
Réussir la maîtrise du voyage astral et l'utiliser à des fins positives.

Salvatge Geneviève
Décodez vos rêves *
Décrypter ses rêves en comprenant leurs symboles et en les intégrant au vécu.

Un prénom à vivre *
Lire, entendre, dessiner son prénom, en percevoir les résonances chez autrui pour mieux en comprendre le message et la fonction.

Shah Idries
Sages d'Orient
Des récits et des paraboles pour comprendre l'essence du soufisme. Un classique.

Stephens Elaine
Vos vies antérieures *
Une méthode simple, l'auto-hypnose, pour découvrir qui vous avez été et comprendre celui que vous êtes maintenant.

Talbot Michael
L'univers est un hologramme *
Préface de Patrice van Eersel
Une enquête passionnante sur les découvertes scientifiques récentes et leurs conséquences sur la perception du vécu et de la réalité. L'explication scientifique de phénomènes dits paranormaux et des thérapies holistiques.

Volkmar John
Ces pouvoirs qui sont en vous *
Des exercices simples pour définir ses potentialités, les développer et faire ses premiers pas sur le chemin de la découverte de soi.

Whincup Greg
Yi-king au quotidien *
Une nouvelle traduction du célèbre traité de divination chinois à la fois simple et proche de la vie quotidienne des Occidentaux.

Achevé d'imprimer en juin 1997
sur les presses de l'Imprimerie Bussière
à Saint-Amand (Cher)

POCKET - 12, avenue d'Italie - 75627 Paris Cedex 13
Tél. : 01-44-16-05-00

— N° d'imp. 1205. —
Dépôt légal : juin 1997.

Imprimé en France